世茂出版

小學4年級定終生

평생 성적, 초등 4학년에 결정된다

金康一、金明玉◎著
王中寧◎譯

大好評
全新修訂版

本書原名《小學四年級定終生》，現經修訂重新發行【全新修訂版】。

教學熱情與先進教育法的成果

我的兒子正賢從小是個聰明的孩子，但自從上小學之後，因為散漫而成績表現不佳。在他三年級時，我們送他到才藝班去學小提琴及美術，老師們卻受不了他擾亂上課秩序的行為，而不願意教他，到後來竟然寧可退費也要我們帶他回家。

當時我們因為診所正要開業，沒辦法花太多心思在孩子身上。所以最多只能買英語與數學參考書給正賢寫。這時他因為乏人管教而把時間都花在玩電玩遊戲上，不願意自動自發讀書，可以說完全沒有自主學習的意願。

認識金康一、金明玉兩位老師之後，孩子開始有了一百八十度的轉變。經過一年之後，他開始會主動去讀書。兩年後進入國中時，他已經是一位優秀的學生。最近他受到京畿道教育廳的推薦，被選為自然科資優生，成績也總是在全校的前幾名。

成績固然重要，但更重要的是，狀況穩定之後，他開始可以與父母溝通，並受到同學、朋友的歡迎，也得到老師的讚賞。兩位老師的熱情與先進的教育方法，在他身上結出了甜美的果實。

正賢國一的時候總是說：「媽媽，請妳在旁邊陪我讀書，幫我出題考我……」，但現在升上二年級的他，看到媽媽在旁邊打起瞌睡，就會說：「媽媽，沒關係！妳先去睡吧！……」。然而天下父母心，我即使打瞌睡，還是希望陪在孩子身邊。

所有父母都希望孩子把書讀好，但是卻不知道該如何引導孩子，只好不斷用嘗試錯誤的方式慢慢摸索。

這本書不是站在老師的立場，而是站在父母的立場所撰寫的。試想，天底下哪有不希望子女優秀的父母呢？只不過不清楚方法罷了。如果你正好因此而徬徨，那這本書就是為你所寫。

這本書的內容相當實際。裡面有許多發生在家庭中親子互動情形的生動描寫，不但可以提供讀者們具體的幫助，讀起來也十分有趣。我常常讀著讀著就會產生共鳴說：「對，我們家小孩就是這樣！」

兩位老師讓許多成績殿後的孩子，在一、兩年之內就變得很會讀書，在學習方法的指導上發揮了莫大的力量。讀了這本書，您一定可以獲得許多在其他地方得不到的子女教育訣竅。

所以這本書不能只看過一遍就算了。而是應該放在書架明顯的地方，隨時拿出來尋求協助的秘笈。

各位能看到這本書實在非常幸運。如果讀過能按照書中內容實行，而且能在孩子身上花更多心思，您也能獲得像我們一樣的美好成果。我們對兩位老師的感激實在是言語無法盡述。

金老師您還記得嗎？您跟我們的孩子約好，如果他去當兵，您就要在懇親會去看他？最後也讓我們的孩子在這裡說句話：

「老師，玩的時候，盡情玩，讀書的時候，盡情讀書，實在是最棒的！」

金榮秀、崔熙英

●本推薦序的作者金榮秀在京畿道安山市經營一家皮膚泌尿科診所，媽媽崔熙英則經營附設的皮膚護理室。他們有正賢（國二）、惠仁（小六）、敏才（五歲）三個孩子（西元二〇〇四年時）。

前言

給所有擔心孩子學業的父母

在養育孩子的過程中，常常會發生一些出乎意料的驚慌之事。有時孩子在上學十分鐘前才焦急地告訴你功課還沒寫完，有時功課拖到半夜十二點才做，這些情形父母怎麼能不擔心？

每個人都希望好好培養自己的孩子，但是在養育第一個孩子的時候，每個父母都只是新手，所以常常會不知如何是好。其實筆者夫婦對自己的大孩子也總是懷有歉意。回顧以往的歲月，我們常會這樣想：「原來還有這種做法啊！如果我們當初再多花些心思，孩子讀書就可以更有興趣、更輕鬆了。」想到此處不免覺得惋惜。

因此我們兩人身為拉拔兩個孩子長大的平凡父母，透過十幾年教育許多孩子的經歷，希望跟各位一起分享這些寶貴的實際體驗，以幫大家消除教育上的煩惱，才起意著手寫這本書。本書中的案例，都是曾經真正發生在我的孩子們以及教導過的孩子們身上。其中包括：讓只看漫畫的孩子轉變為對書本愛不釋手、原本只要想到做功課就頭痛的孩子，如何在沒有父母的幫忙下，自己輕鬆完成功課、還有連一頁日記簿都寫不滿的孩子，居然在作文比賽中得名等等。我們將這一類孩子在學習上突飛猛進的故事都收錄於書中。如果我們沒有教過這些孩子，如果我們沒有用父母的心情整天擔心孩子的教育，是絕對寫不出這些內容的。

這些年來，我們帶著極大的熱情教育孩子們，親眼見證沉迷電玩遊戲的孩子變成好學生，在書桌前坐不了十分鐘的孩子變成班上第一名，平均分數從沒超過五十分的孩子成為全校第一名。然而最令人驚訝的案例是，原來對每件事都抱持消極態度的孩子變得充滿自信，看到他們如此的轉變，讓我們對自己所採用的教育方式有了無比的信心。每一個孩子都擁有無窮的潛力，我們透過這些案例深刻體會到，孩子如何讀書全來自父母的影響。

天下沒有不愛孩子的父母。這一路上我們已看過太多，因為不知道正確的方法，沒辦法將孩子的人生引導到正確的道路上，最終難過嘆息的父母。我們很希望能夠盡點力以減少這樣的父母，於是將具體指導孩子讀書的方法在此公諸於世。這本書並沒有搬出許多原則告訴大家該怎麼教小孩，也不是著名教育學家所寫的縝密教育理論。那類書籍也許對家長會有些許幫助，但我們認為現在父母最急需的並不是抽象的理論，而是可以具體運用的實際方法。這本書就是基於此種想法而產生的成果，我們希望藉由生動的成功實例提供大家當做具體實踐方法的參考。

對孩子們而言，知識並不是隨隨便便就可以灌進他們腦袋裡的。如果不先打造孩子的「心智容器」，或者「心智容器」並不完備，那麼即使下功夫做完傳授知識的動作，也不過是讓父母感受到自己已經履行了義務，消除歉疚感而已，對孩子本身反而沒有影響。所以我們首先要打造孩子「心智容器」才行。所謂「心智容器」，也就是以理解力、思考力、表達力為主的智力，和以熱情、持續學習的習慣、專注力為中心的實踐力。培養孩子這些能力，才是父母的當務之急。

就像各種簡便的速食、冷凍食品充斥家中，人們也漸漸忘記調理食物的方法一樣，孩子一旦習慣父母餵食般的被動式教育方式，就永遠不會理解自己主動學習的方法。所以我們真正應該教孩子的，是讓他們自己裝滿心智容器的方法。凡事主動的孩子，跟推一下才動一下的孩子，雙方的差異有如雲泥，在孩子學業上最重要的其實就是「主動性」。每當遇見那些只為眼前的成績單驚慌失措而搞不清輕重緩急的父母，我們就只能深深感到惋惜。

讀書是有時機的。我們常看到原本只要能夠及早開始，不要錯過小學四年級，就能獲得良好教育成果的孩子們，卻因為太遲才開始，而經歷了許多困境。如果您的孩子正在讀四年級，請您馬上讓他開始累積真正的實力。如果您的孩子已經五、六年級，那麼就對他的狀況進行正確的診斷。您必須確認是不是讓孩子跟著學校課程進度走就夠了，還是要重新打造孩子的「心智容器」。如果孩子還在低年級，也不要認為自己還有很多時間，您一定要積極打造「心智容器」。

老師的責任，就是用孩子能輕易理解的方式來教導知識。父母的責任，則是要指導孩子學習的方法，並幫助他們實踐出來。子女教育的主導者，不該是老師，不該是學校，更不該是政府。不管人們怎麼說，真正的主導者都應該是父母與家庭。現在是父母們回到這個崗位上，徹底執行這項任務的時候了。對於想好好指導孩子讀書，卻苦於不知道方法的父母們，我們懇切希望這本書能夠對您有所助益。

二〇〇四年六月
金康一、金明玉
韓國學習基礎力開發院

目錄

第一部 一生的成績，決定於小學四年級

許多父母不清楚時機對孩子學習的重要性。就像投資的時機很重要，學習的時機也是關鍵。特別是小學四年級，就是決定孩子們讀書成績優劣的重要時期。如果將讀書比喻成馬拉松賽跑，那小學四年級就等同於將選手分成領先群與落後群的分界點一樣。從這點開始，不屬於領先群的選手幾乎沒有可能贏得比賽，也就是說在小學四年級落後的孩子，追上領先群的機率是微乎其微。

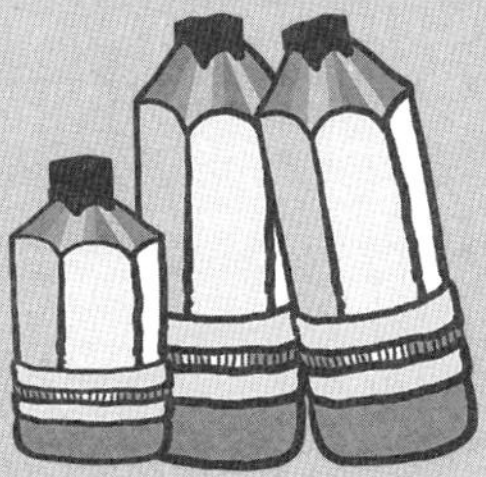

第二部 培養優等生的家庭學習指導法

指導學習的方法有很多，但是要找到一本書，其中記載了能切合自己子女的實戰應用方法，是非常困難的。在這本書中，我們將自己從實際教育經驗中體會的學習指導方法詳細分享出來。這些方法是為人父母者絕對不可以不知且無法從他處覓得的。

4 優等生的第一步從閱讀開始

第三部 培養孩子的基本學力

學習的基礎實力要如何培養呢？形成孩子基礎學力不可或缺的三要素——熱情、耐心與專注力。如果本書所述的學習指導法是應用方法，那麼培養基礎學力，則是更根本的子女教育法。如果前述的學習指導法是餐桌上的菜單，那麼培養基礎實力的方法就是維持孩子健康的補品。

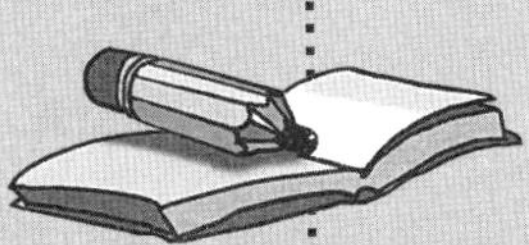

第一部

一生的成績，決定於小學四年級

1 小學四年級是學習最重要的時期

四年級是不安的開始

小孩子升上小學四年級後，父母就會漸漸開始不安起來。這是因為低年級的時候，孩子不必特別預習或複習，就能夠靠幼稚園時期累積的能力跟上學校的進度。而且實際成績上也區分不出太明顯的優劣。

然而四年級可說是跨入高年級的開始，父母會開始擔心將來進入國高中的升學問題，心中的焦慮也油然而生，認為一定要逼孩子好好讀書不可。有不少好心的朋友也會提醒：「四年級很重要。」甚至有些其他父母會用誇張的語氣說：「四年級真的真的非常重要！」

到了四年級，孩子的確會開始對讀書感到有負擔。這也是因為學校的課程真正開始變難。原本讓孩子盡情玩耍的父母，這時候也會開始把孩子往補習班送。事實上到了四年級，孩子會開始找不到同年齡的玩伴，因為其他孩子都去上補習班了，所以父母只好把孩子也送進補習班。一旦孩子進了補習班，父母初期的不安也會消失。

然而當初的不安，在孩子快要從小學畢業的時候又會重新出現。這是因為再過六年，孩子就要考大學，對父母來說時間並不算長。進入到國中之後，第一次月考時，父母的不安將又開始大增。因為這一次考試是孩子受到相對評價的第一次測試。在小學的時候，成績單只會印分數，不會清楚標示名次。所以許多父母看到考試結果，都會受到嚴重的打擊。

「我們家小孩不是書讀得還可以嗎？怎麼會在班上拿三十名？」、「我一直以為他在班上是中等程度，怎麼會是倒數第五名？實在無法相信。」

總是要到這時候，父母才會知道孩子的真正狀況，並開始找解決辦法，但學習成功的列車這時早已離站了。當然以漫長的人生來看，從此時開始好好讀書、急起直追，也不能說一定就不會成功。但是如果要不具備基礎實力的孩子與已經名列前茅的優等生競爭，就如同剛學跑步的人要與田徑選手比賽跑是一樣的。如果用馬拉松來比喻，領先群早已經通過距離終點十公里之處，現在正向全程一半的目標邁進。在這種狀況之下，要追上前面的人幾乎不太可能。因為孩子成績的優劣早在小學四年級就已經決定了。只是父母不清楚這樣的狀況而已。

從小學四年級開始，找對方法讀書

我第一次遇到秀珍，是在她剛升上四年級的春天。表面上看來，秀珍的學習態度似乎沒什麼問題。平常都會把功課規規矩矩做完，到了該念書的時間，也總是乖乖坐在書桌前。但是她的成績卻一直沒辦法脫離不及格的範圍。仔細觀察後才得知，秀珍的問題不是出在沒有花時間讀書，而是出在讀書的方法不對。

她並沒有試圖去理解學校所教的課程內容，而是打從一開始就死記硬背，解題的時候想辦法將背下的答案硬填進考卷裡。媽媽每天規定的兩個小時讀書時間，她也只是坐在書桌前裝裝樣子，一直忍耐到時間結束，就趕忙把鉛筆放進筆筒中，將書桌收拾乾淨，立刻衝出家門去跟朋友玩。父母看到這樣的情況，實在沒辦法開口責罵，卻也覺得不能放任她繼續這樣下去。

後來我們將秀珍念書的方式從計算時間改成計算份量，唸到一定進度才能出去玩。但是這種方法一樣得不到效果。秀珍一心只想趕快結束念書時間跟朋友出去玩，所以每次念書都是帶過就好。我們認為還是有必要改變她的學習方式。

最後我們將秀珍的念書方式改成跟時間或份量都毫無關係的方法，就是讓她搞懂自己做錯的部份之後，才能離開書桌。我們發現對秀珍而言，換了好幾種方法之後，這個方法是最適合的。首先對問題進行分析，以了解她為什麼會答錯。根據分析結果發現，秀珍的問題在於明明會的問題，常常卻因為沒有把題目仔細看完，或是沒有用心思考問題而答錯。所以我們引導她仔細思考問題、想清楚問題到底要問些什麼。如果問題很長，就分段讓她思考、了解，如果這樣還不行，就讓她去查參考書。我們又讓她準備一本筆記專門記錄自己答錯的內容，要她徹底思考錯誤的原因並將重點整理出來，再讓她對同學說明整理好的結論。甚至給秀珍機會指導那些沒有基礎的同學，從概念開始教起。

從這時開始，秀珍的態度有所改變。四年級下學期的時候，她的平均分數開始超過80，五年級時分數維持在85分左右，六年級時平均分數則提高到95分左右，正式進入優等生的行列。上了中學第一次期中考試，她的平均分數是98分，變成全校第一名。

對秀珍的父母而言，雖然孩子成績提升讓他們很高興，但更重要的是孩子現在讀書並不是只為了應付他們，而是為了自己的求知慾而努力，這樣的態度更是讓父母感到滿足。

我們認識承周也是在他四年級的時候。當時承周平均分數連50分都不到，在班上屬於落後的學生。先不談他讀書的能力，他在書桌前面連十分鐘都坐不住，專注力非常差。我們首先用有趣的學習方式誘導他專心，並且增加他的理解力與計算能力，總共花了一年的時間。

一年之後，承周總算能連續專心一小時以上。四年級下學期時，他的期末考試成績的平均分數只比年級開始時高了10分。原本50分對他而言是一個無法跨越的障礙，他竟然突破了，再也沒有人笑他是全班最後一名。他覺得比得到第一名還要開心。

就因為進步的這10分，讓承周對讀書開始感興趣。之後承周自己開始慢慢變成愛念書的孩子。五年級的時候他的成績進步為中上程度，六年級終於開始名列前茅。六年級的承周已經是個模範生，懷抱自信努力讀書。

如同上述實例，原本在班上落後的孩子，如果能在四年級左右時改變讀書方法，很有機會轉變成會讀書的孩子。

錯過小學四年級，令人惋惜的孩子

六年級的祺英完全沒有學習的基礎。他沉迷於電玩遊戲，而且把老師說的話完全當成耳邊風。媽媽要他念書，他只會在筆記本上畫遊樂器，腦海裡全然都是遊戲的影像，甚至手指會像打電動的時候一樣，一直動來動去停不下來。

到祺英的家裡一看，讓我們不由得驚訝。他的父母雖然嘴上說希望孩子不要再沉迷電玩，但事實是家裡每個房間都有電腦。一台是爸爸工作專用的，一台是祺英的，連祺英的弟弟也有一台，總共三台。看了這樣的情況，我們才知道祺英為什麼這麼愛電玩遊戲。即使書架上放滿了書，也都是一些孩子不會感興趣的長篇小說，以及字體極小的偉人傳記系列。客廳中間有大型電視與柔軟的沙發，像是隨時在呼喚大家進入。

這時知道祺英的讀書方法如何已經不是重點，當務之急是先讓他脫離沉迷於電玩遊戲的狀況。我們鄭重指出家中的環境是讓孩子沒辦法脫離電玩遊戲的元兇，所以祺英的媽媽對於家中擺設需要重新調整表示欣然同意。於是，電視從客廳移到主臥室，並收起兩台電腦，只留下一台放在客廳。這樣一來，祺英總算開始能夠靜下心來念書，但他還是沒辦法完全改掉想玩電玩的習慣，隔幾天就會拜託媽媽讓他玩一個小時。常常吵得媽媽不知如何是好，這樣每天與孩子展開拉鋸戰的結果，我想很難有父母能夠堅持到最後的。果然最後媽媽投降，讓他繼續打電玩。

過了六個月之後，馬上就要升上中學的祺英，他的遊戲成癮症狀也僅從嚴重減為中等而已，學習態度一點都沒變。這時他的父母應該作出果斷的決定。一是乾脆讓他朝職業電玩選手邁進，或是讓他回過頭來好好讀書。但是孩子並不是冷血機器，他也是有情緒的，特別是正處於敏感的青春期，一定要更有智慧地小心應對才行。這時我們建議採用的方法就是每天花一小時跟媽媽一起做「功課」。功課內容如下：

星期一：跟媽媽上市場

星期二：跟家人打羽毛球

星期三：跟媽媽一起下廚

星期四：跟家人比賽桌球

星期五：跟爸爸下圍棋

星期六：跟家人一起去爬山

我們建議再加上一項，就是每天到圖書館去借祺英感興趣的書來讀。之所以這樣建議，是由於我們明瞭目前當務之急是要幫祺英創造願意讀書的心態，也就是要先治療他的電玩上癮症才行。如果要治療電玩上癮症，就必須讓孩子體驗到除了電玩遊戲之外，世界上還有其他更有趣的事。做「功課」一個月下來，祺英一家人感覺非常累，卻明白效果十分顯著。祺英漸漸可以不再只想著電腦，對於圖書館借來的書也非常有興趣閱讀。兩個月之後，祺英在期末考當中，社會與自然科都提高20分，國語跟數學則提高10分左右。

進入中學之後，祺英終於可以脫離電玩遊戲變成為用功讀書的孩子。可惜即使改變這麼大，仍然距離優等生有一個差距。這是因為數學和國語兩個重要基礎學科，與領先群的差距實在太大。

即使到了現在，想到祺英，我們還是會覺得惋惜。如果我們不是在祺英六年級的時候，而是在四年級的時候就認識他，我們認為一定可以讓他獲得更好的成果，這樣的想法一直在心中久久無法抹去。從這些孩子的案例上，我們可以確定的就是時機的重要性。祺英的資質各方面並不比秀珍、承周更差，唯一的差別就在於改變的時機而已。

小學四年級學習落後級距突然拉大

關於小學四年級到底在孩子的人生當中有多麼重要這件事，我認為很多父母表面上雖然知道，實際上並沒有體會真正的意義。如果要我誇張一點地說，我會說：「孩子讀什麼大學，是在小學四年級的時候就已經決定的！」我想有的父母看到這句話，一定會想：「小學四年級再重要，也不可能決定孩子將來要就讀的大學吧？這樣說真的有點言過其實。」但就是因為我們長期以來教了許多孩子，深切地感受到這段時期的重要性，所以才非常想對父母們這麼說。要讓孩子們書唸得好、成績優秀，我們希望父母絕對要極度重視這段時期。

請您回想看看，小時候，同班同學功課開始真正分出優劣的明顯時期是什麼時候？如果同學在大學時進入名校，是從什麼時候開始人人都說他功課好的？其實，低年級時，孩子表現出所謂的實力，很難斷定說是真正的實力。甚至有些老師會說，孩子在低年級的表現，靠的是父母的實力。因為要學的東西並不難，所以父母只要稍微花點心思，孩子的成績就可以提高。

然而到了高年級情況就完全不一樣。課程教材開始有了難度，父母要一一指導孩子也開始有了困難。這時會讀書跟不會讀書的孩子就正式分出高下。而且這段時期形成的優劣分布，必須要花許多時間與努力才有機會改變。這也就是小學四年級之所以重要的原因。

兒童明顯出現學習落後現象的時期

時間	問卷人數	比例（%）
一年級	20	8.2
二年級	38	15.5
三年級	39	15.9
四年級	115	46.9
五年級	13	5.3
六年級	2	0.8
未作答	18	7.3
合計	245	100.0

（韓國教育課程評價院調查）

小學四年級開始區分出真正成績優劣的說法，其實是有研究證實的。參考韓國教育課程評價院在一九九八年12月發表的「開發學習落後兒童指導計畫之研究」這份資料，其中提到明顯出現學習落後現象就是在小學四年級這個時期。這份調查主要以中小學教師為對象進行訪問，關於學習落後現象出現的時間，有46.9%的受訪者回答是「四年級」。這說明了學生開始真正分出成績優劣，的確是在要進入高年級前的小學四年級開始的。

會讀書與不會讀書的孩子之間的差異，從讀書的樣子就可以明顯看出。即使只看數學一科，優等生四則運算的能力非常強，教科書的基本概念都能理解，應用題對他們而言都不困難。因為平常閱讀書籍眾多，所以在讀國語課文的時候，一下子就能掌握大意，並迅速看出文章的主旨。英語方面他們不只懂簡單的會話，讀故事書的時候，也能很快掌握內容。在學習各種新知時，他們也是渾身充滿了自信。

然而，不會讀書的孩子，從書包就可看出端倪：鉛筆盒已經不見很久、有一、兩枝鉛筆則是夾在書中，而筆芯已經斷掉、學校給的家長通知單則皺巴巴地夾在課本跟筆記本中間、聯絡簿抄得亂七八糟，更遑論功課。就連平常上課該準備的東西，也不太可能準備好。要求四年級的他們填滿一整頁日記，看起來也都痛苦得要命，重點是他們都不太喜歡閱讀。至於數學問題，只要碰上有點變化的題目或應用題，馬上就無條件放棄。

小學四年級的課業難度突然拉高

到底為什麼課業上表現的差異是在小學四年級開始出現呢？前面我們也曾稍微提到，教學內容變難、程度變深是最重要的因素。舉例來說，就國語一科來看，小學三年級之前都只是詢問單純的感想而已，到了四年級就開始要求學生整理自己的想法上台發表心得。課文內容開始區分成詩歌、童話、記敘文、論說文等不同種類，要求學童比較其差異。了解詞彙概念的各種學習活動也會增加。閱讀量不夠的孩子，詞彙量也會不足，所以讀國語跟讀外國語簡直一樣辛苦。像這樣，理解概念的能力，對於理解數學、社會、科學等其他科目的內容上都是必要的條件，所以國語不好，其他科目也一定會變得困難。

在數學科方面，到了三、四年級，課程會進入教導分數的概念，剛開始還會用類似「如果有四個人平分一塊蛋糕，每個人分到一塊，這就叫做四分之一」這樣從生活中取材的方式，但是在接下來的課程進度中，分數加減與小數加減，根本都是在學習純然抽象的概念。社會科開始變得困難，是由於課程進入到要練習看地圖。地圖有所謂比例尺、等高線與截面圖，這些都要學習。而且社會科知識從四年級到中學以後，還會繼續用到，越來越深。

小學四年級沒有打好基礎的孩子，進入中學後，各種科目都將理所當然地變得更艱難。就像之前所述，小學四年級才是在學校真正開始接觸抽象與邏輯的學習，所以基礎實力不足的孩子也就只能漸漸落後了。

然而四年級時的落後，能不能在五、六年級時下功夫追趕呢？這當然並不是遙不可及之事。我們也看過不少這樣的例子。但如果要我明說，我可以說大部分嘗試這麼做的孩子都失敗了。其實幾乎沒有孩子是因為頭腦不好而功課跟不上的。問題就是在於開始的時間。他們要花更多的時間補強不足的專注力、理解力、計算力。孩子並不是機器，不是只要按下「今天開始好好讀書」的按鈕，他就能馬上開始進步的。到了高年級之後，父母想要孩子會讀書的心情將會更為急切，但是，孩子要變得能夠專心、要補強不足的語彙、要培養貧乏的演算力，在在都需要時間。要讓沒有讀書基礎的孩子培養出用功念書的好習慣，最少也需要一、兩年的時間。很殘忍地，在補強能力不足的這段時間，學校的進度並不會停下來等孩子，而是會不斷前進。所以基礎不好的五、六年級生在這段補強時間當中，既要培養閱讀習慣、要補回基礎能力，也要追趕學校的進度，不可能不吃力。我們前面看到祺英的例子就說明了這些情況。這就是我們認為最遲要在四年級展開行動的原因。

還有一件事非提不可，那就是如果錯過了四年級，孩子就會進入青春期，狀況會變得更複雜。許多父母都談過自己的經驗，也就是原本低年級時乖巧聽話的孩子，到了高年級時就會開始反抗父母。孩子開始出現反抗性的言語跟行動，就獨立人格的發展來看，可說是必然的過程。我的用意並不是說小孩不聽話就應該整天提心吊膽，也不是說小孩看起來乖巧，大人就可以安心。我想提醒各位父母的是，因為孩子在這段時期情緒變得太過敏感，要培養他們讀書的習慣，還得要小心留意許多的細節，情況會變得很複雜又難以控制。因此提醒您在青春期真正開始之前的四年級，才是培養孩子讀書習慣的最後一個好時機。

四年級時若不能培養出讀書的習慣，孩子進入青春期之後，就會出現整天跟朋友聚在一起的現象。到了晚上還流連於網咖或者ＫＴＶ之類的場所，白天則聚集到沒有大人在的朋友家，為所欲為，如果情況演變成這樣，培養他們念書就不是當務之急了。如果只知道對著孩子嘮嘮叨叨、管東管西，弄得把全副精神都花在整天跟孩子吵架，那麼要讓孩子好好讀書，根本就是一種奢侈的夢想。

試想，如果父母講的每一句話都會遭到孩子頂嘴，那該如何培養孩子讀書的習慣呢？因此，請務必把握在青春期之前就建立正確的學習習慣。如果您的孩子已經四年級，請千萬記得，現在正是培養讀書習慣的最後機會。因為四年級如何度過，將可能會影響到孩子的一生。

關於四年級的重要性，我甚至可以從科學的角度來進行說明。根據最新的腦科學研究顯示，頭腦的發展大致可分為三個階段，較早的兩個階段主要是由遺傳決定，所以受到外部的影響相對來說沒那麼大。但是第三階段卻會受到周遭環境的顯著影響，可說是具有決定性的時期。而這個時期大約是在十二歲左右時結束。結束之後，顯示大腦活躍度的神經突觸就會停止繼續連結。也就是說，在這個決定性的時期，頭腦的硬體構造就已經固定下來了。

有很多案例能證明人類這個決定性時期的作用，其中一個案例就是，被遺落在森林中跟動物一起成長的孩子的經歷。這些孩子後來被其他人發現，而帶回到人類的社會當中，但是他們卻永遠沒有辦法學習或說出人類的語言。這是因為他們在決定性的時期當中，不曾聽見人類的語言，才使得負責人類語言的神經突觸弱化而消失所致。

在腦部發展的第三階段尚未結束前，我們可以將孩子的頭腦比喻成還未硬化的黏土，每一次的新學習與新體驗，都會給大腦帶來一些發展。如果他們學會一些新東西，神經突觸也就會跟著形成連結。讓孩子學習，也就代表了讓他們的大腦有所發展。所以在大腦硬化的十二歲之前，必須利用各種體驗與學習給予大腦刺激，並且讓他們進行各種思考活動。他們可以多看各種不同的書籍、理解各樣不同的概念，進行邏輯上的推論，尋找解決各種問題的方法，跟其他人進行討論、練習寫作、並試著接觸外國語，這些活動都對孩子有所幫助。

我之所以建議各位父母最遲也必須讓孩子從小學四年級開始，最少花一、兩年累積真正實力的理由，就是在此。錯過了這段時期，他們被迫面臨只能用已經固化、不太活躍的大腦來學習新事物的窘境。

父母才懂的學習時機重要性

少年易老學難成，一吋光陰不可輕
未覺池塘春草夢，階前梧葉已秋聲

這首詩是從朱子〈勸學文〉中所摘錄。我們沒看過任何文字比它更能充分表達「時機」在學習上的重要性。這首詩雖然可說是為了讀書時期的孩子所作，但是再怎麼解釋，孩子不見得能完全理解。他們或許可懂字面上的意思，但是卻沒有切身的感受。只有到自己當了父母，有了孩子，此時才會真正懂得這首詩的意思，所以這首詩反而可說是寫給大人看的。

由此可知，父母扮演的角色不可說不重要。孩子不會感受到歲月飛快地流逝，也不清楚時機的重要性。這是因為他們自己就活在這樣的時間裡。當你坐火車旅行的時候，只要不看窗外，就會忘記自己正在移動，這也是相同的道理。

如同前述，因為各種理由使得小學四年級成為讀書開始分出優劣的時間點，而且年級越高要追上該有的程度將會越辛苦。因此如果您的孩子現在是小學四年級，就一定要馬上開始累積實力。如果您的孩子已經進了五六年級，那您必須對孩子的現狀作出判斷。要知道自己的孩子是跟著學校進度繼續學就可以了？還是需要增加一些補充性的學習？如果沒有進行這樣的診斷，只是反覆送孩子去各大補習班進行巡禮，有可能就此走上一條不歸路。若是孩子還在低年級，就要開始努力著手讓他培養形成讀書的基礎實力。

如果您及早開始細心安排，讓孩子形成主動讀書的習慣，那麼他們都將可以進入會讀書的孩子的行列。但有一件事絕對不能忘記，就是學習是有時機的。

立刻檢驗，評估孩子的讀書習慣

寫到這裡，我們來為孩子的狀態進行一項簡單的測試。下面的表格，是我們跟家長首次面談時所使用的表格，這是為了讓父母大致搞清楚孩子目前的狀態而製作的。所以這份測驗並沒有將孩子的狀況精確地數字化。然而您只要檢視完這份表格，就可以自行判斷孩子是否已經形成了良好的讀書習慣。

學習狀況評估表

請閱讀下表中的親子對話內容，並且在自己家中曾發生的對話前的空格打勾。

狀況 1：早上起床

孩子說的話	
□媽媽，書包幫我整理好了嗎？	□媽媽，早上起床聽到韓德爾的音樂，眼睛自然就睜開了。
□給我錢去買上課要用的東西。	□早上早點起來複習功課，所以下午會有更多時間可以用。
□你怎麼還沒幫我準備好上課用的東西？	□早上起來運動，所以胃口很好。能不能多給我一點吃的？
□給我今天要穿的衣服。	□我今天到圖書館去借了一本書，是關於池塘邊的昆蟲。學校最近正好在教這個。
□幫我梳頭。	
□幫我穿襪子。	
父母說的話	
□快點起來。	□昨晚做了什麼夢？
□功課寫了嗎？	□你一定可以做到。今天也要加油喔！
□上課的東西都準備好了嗎？	□今天你比爸爸還要早起！好，明天爸爸也跟你一起去運動。
□這衣服怎麼回事？穿這件吧。	□我們女兒變漂亮了。
□你還有時間看電視啊？	□今天在學校也要好好用功喔！
□你的鞋子呢？	□媽媽做好吃的等你回來。
□快點！同學已經在門外等了。	□今天在學校有什麼有趣的事？
□動作給我快一點！	
□趕快吃早飯，趕快去上學！	

我想看過以上表格，你應該猜到了，左邊是被動的孩子家中所發生的對話，右邊則是主動的孩子。

從表格中的親子對話可以看出，強迫孩子讀書的家庭裡，孩子從早到晚所有的言語和行動都是被動的。書包跟要準備的東西都要父母幫忙處理，功課也要等父母催促才會動手寫。準備考試時也要爸媽或老師在旁邊盯著，而

狀況 2：放學回家

孩子說的話	
□我玩三十分鐘再去補習班啦。 □我再看完這個節目就好，看完就關電視。 □（打開冰箱門又馬上關上）怎麼沒吃的呀？ □媽媽，妳跟誰通電話？那個阿姨又說了什麼？ □我今天怎麼一直上廁所？ □媽媽，我的參考書不見了，沒辦法唸書。 □我也想要好好學習啊！可是老師上課講什麼，我根本聽不懂，真沒辦法。 □今天日記要寫些什麼呢？ □媽媽，我功課寫完了，接下來要做什麼？	□我今天有社會科的作業，我已經查過百科全書，全部都寫完了。 □我在讀數學，這個我不懂。 □我把該背的英文單詞都寫了下來，請幫我檢查一下。 □今天我看了一本關於螞蟻的書，好有趣喔。等一下我要跟妹妹一起去找螞蟻蛋。 □我很好奇地球內部是如何形成的。我要去圖書館借有關地球的書。 □明天學校要我們準備色紙跟紙黏土，我現在去文具店一下。 □媽媽，我寫好了這本書的讀後感，唸給妳聽！

父母說的話	
□快去寫功課。 □測驗卷寫完了嗎？ □快去看書。 □要帶的東西不要早上才整理，現在就收拾。 □老師怎麼出這麼多作業啊？ □這功課到底是出給小孩寫的，還是出給媽媽寫的啊？ □你為什麼不唸書，整天跑來跑去的？ □只不過寫一篇日記，你要底要花幾個小時？ □為什麼又要我買書？	□做得好！ □我們女兒以後也許可以當社會學家。 □你這個主意，可能連愛迪生也想不到！ □媽媽陪你一起查吧。 □這個周末帶你去書上看過的地方參觀一下。 □如果作文覺得碰到困難，你也可以這樣寫。

狀況 3：睡覺之前孩子說的話

孩子說的話	
□今天該看的書都看了，讓我玩一下電玩遊戲吧！ □我看完這個節目再睡啦。	□東西都整理好了，我聽完音樂再睡。 □我睡前想看一下書。 □爸爸，我很想知道外太空發生了什麼事？ □我愛爸爸媽媽。 □請在我今天的計劃表上簽名。 □我今天寫了一首詩，唸給你們聽喔！
父母說的話	
□不要再打電動了，早點睡吧。 □房間為什麼亂成這樣？ □這枝鉛筆是誰的，為什麼滾到這裡來了？ □這不是明天要帶去學校的東西嗎？為什麼放在這裡？ □這種事為什麼到現在才講？	□在學校有沒有特別辛苦的事？ □你最喜歡哪些同學？ □你最想做什麼？ □你們希望我要當個什麼樣的爸爸？ □你要懷抱遠大的夢想。 □我好愛你，孩子！ □睡前唱首歌給媽媽聽吧！

且總是說一動，做一動。他也不會太有求知慾，不會對新穎的事情感到有興趣，更遑論還會自發性地想努力探索世界。如果強迫他念書，一定會受到強烈的反抗。

如果您的孩子已經升上四年級，但是對於整理書包、寫作業、起床等等基本的問題，還要父母每天費力叮囑，那建議您一定要盡快為他準備解決的方案。也就是說，如果上表的左欄裡您打勾的選項已經超過一半，那您的孩子可說已經身處「緊急狀態」，為了建立主動學習的態度與習慣，必須馬上著手展開改造的大工程。因為現在的習慣與態度有可能就此持續一生。

反過來說，能夠自律主動的孩子，並不需要別人督促念書，他們自己就會積極去做。與被動的孩子相比，主動的孩子面對寫聯絡簿、整理書包等例行公事的態度可說是非常不同的。舉例來說，讀書時如果遇到有興趣的部份，主動的孩子就會想辦法深入探究。有時為了解決疑問，有些孩子甚至還會主動打電話詢問老師。如果上表右欄打勾的部份超過70％，即可斷言您的孩子已經具備讀書的基礎實力，未來只要再稍加補強不足的部份，我想未來國、高中大概都不需太擔心。

2 有基礎實力的孩子自然會讀書

孩子讀書是強迫不來的

若是詢問某些孩子：「這件事你是怎麼知道的？」他們會回答：「反正就是知道嘛！」如果不需要特別努力，就能夠輕鬆得到許多知識，那麼就可以說這個孩子的心中有一種讓他輕易學會知識的能量。在本書中，我們將這樣的能力稱之為讀書的「基礎實力」。「基礎實力」無法從外表一眼看出，卻是讓孩子能夠完成許多事情的潛能。猶如運動選手必備的基礎體力，會讀書的孩子也必須具有讀書的基礎能力。這種基礎實力形成得越完整，孩子就越容易成為成績優秀的學生。

即使在相同的教室、相同的老師、教授相同的教材，一年之後，班級學生的程度還是會

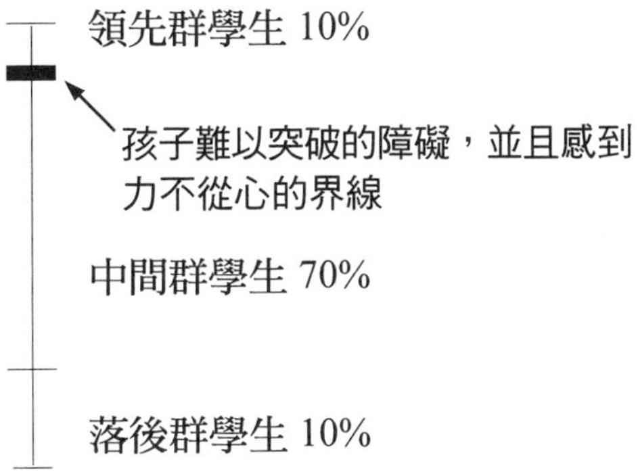

明顯區分出來。而最落後的孩子通常不是因為智力比最優秀的孩子低，也不是因為努力不足。甚至落後的孩子也有可能為了超前而更加用功。殘酷的是即使如此，想改變現狀卻不容易。

拿這兩類孩子的讀書過程作比較可以發現，名列前茅的孩子唸起書來十分輕鬆，而落後的孩子卻很吃力。有時落後的孩子甚至會覺得自己是學業的奴隸，為了追趕成績好的孩子疲於奔命。反觀優秀的孩子輕鬆學習就獲得良好成績，也因為有好成績的鼓勵又更加愛學習，形成一個良性循環。因為學習是有趣的，所以不會感到枯燥乏味，連念書的時間也是轉眼間就度過。

學生一般可以分為10％的領先群，70％的中間群，以及10％的落後群。其實真正很會讀書跟不會讀書的孩子並不多，大部份的孩子多分布於中間群。成績會起起伏伏的孩子大都會落在中間群。相較之下，領先群的孩子成績通常很穩定，很少有失常的情況。這有點像是在雲層底下的汽車會受到天氣狀況的影響，但是飛在雲上的飛機就不會受到氣候的影響。因為雲層之上總是萬里晴空。

雖然中間群的成績會受到朋友、電視、遊戲等影響，但是領先群的孩子卻不太會受外在事物影響，所以能維持優異的成績。在中間群後面的孩子，只要努力，很容易就能晉升到中間群前段，但想要跨入領先群的門檻並不容易，他們通常會在拼命努力一陣子後，就會開始感到非常吃力。

為什麼好學生讀起書來這麼輕鬆呢？真正原因就在於領先群的孩子具有讀書的基礎實力。這些孩子說到自己書讀得好的原因時，總是一語帶過，但現實的是天下根本不會有這種好事。如果能做好任何事，靠的絕對不是與生俱來的才能，就是擁有好的條件與環境，總之一定是一些連本人都察覺不出的理由。

任何人生下來都一定具備各種才能。找出孩子的資質與性向，並開發出來，那就會成為孩子的基礎實力。舉例來說，在教導孩子寫詩之前，先讓孩子能欣賞詩；在教導數學之前，先讓孩子熟悉數字的概念；寫參觀報告之前，先帶孩子多多去旅遊。透過這些過程形成基礎實力的孩子，學習一切事物都將輕而易舉，這也是理所當然之事。在基礎實力已經形成的狀況下，不論學習任何領域的東西，都會非常容易，否則，學習就會有如扛著重物爬山越來越吃力。所以比起念書本身的技巧，更重要的就是讓孩子能夠輕鬆學習的基礎實力。

普通的種子只要是撒在肥沃的土壤上，不用費心管理就能長出茂盛的作物；但是充滿荊棘石頭的土地，即使選了最好的種子播種，辛勤施肥澆水，也還是長不出好的果實。要在這樣的土地播種，必須先把荊棘與石頭除去。荒地要先經過努力開墾，播下的種子才不會白白浪費。換成孩子的狀況來說，不管上多好的補習班、聘請多昂貴的家教，如果基礎實力沒有形成，那只是白白浪費時間與金錢。

基礎實力比念書的技巧還重要

賽跑時，在終點觀察，可以清楚看到選手們先後抵達的順序。第一名與最後一名的選手，出發點都是相同的。但是，第一名選手能夠擊敗其他選手的獲勝秘訣到底是什麼呢？那就是充沛的體力、紮實的訓練、不屈的意志，這些就是讓某個選手能夠跑得比他人快，最後脫穎而出的基礎實力。如果不重視選手的體力、持久力、生活習慣等等，只把重心放在教導跑步的技巧，會有什麼結果？我想大概會一下場比賽就累得半死，最後放棄獲勝的目標吧！

所有的孩子都是從相同的起跑點出發。從小學的入學典禮開始，孩子們就展開了一場學習的賽跑。有的孩子從出發點開始就毫不回頭地一路往前跑；有的孩子很容易就感到疲累；有些孩子剛開始表現得不錯，後來卻慢下來東張西望，因而被人超越過；而也有的孩子在被超越之後又能夠重新振作。出現這些差異都是正常的。主要原因是每一個孩子內在的基礎實力都各自不同。就像真實的賽跑，每個選手之所以會有差異，大都是因為體力不同所致。

所以在孩子的學習賽跑當中，首先要幫助他們形成決勝負的基礎實力。教育體系所提供的12年的學習過程，可以比喻為長距離賽跑，在這個過程中，若是沒有這樣的基礎實力，就要求他們學習念書的技巧，那等於是在建造一座空中樓閣。

念書的基礎實力如何形成？

早期幼兒教育的風潮曾經傳遍了整個韓國。對於人才是最大資源的韓國來說，掀起教育狂熱基本上可說是一件好事。但我們有必要仔細重新省思早期教育的內容。有的媽媽為了早期教育，帶著小孩往各種才藝班跑，整天忙得團團轉。結果就是吸收力像海綿一樣的小孩在三歲就學會了英文26個字母，四歲就在眨眼間背下兩、三本英文書，六歲就背會三字經與千字文，讓父母高興得不得了。然而，小時候人人都誇為天才的小神童，長大之後卻沒有辦法發揮出學習的實力。這到底是怎麼回事呢？

最主要的原因就是家長重視輸出（Output）過於輸入（Input）。應該要多多播種，未來才能豐收，這是不變的道理，家長總是會因為想看到自己小孩贏過別人的欲望，而在應當著重培養基礎的時期，就期待立刻看到結果。這就跟鑿井取水的道理一樣。如果你不願意費工夫鑿井而只想輕鬆從水缸取水就好，那麼就免不了面臨水喝乾的一天。如果一開始你就願意花時間努力鑿井，雖然鑿出井水之前會口渴好一陣子，可是，一旦鑿出井之後，就可以長久享有豐富的水源。

第二個原因，就是如果上學前就把學校課程學通，而進入學校又得重新學習一遍，這樣會讓孩子喪失學習的興趣。三、四歲學會認字跟七歲學會認字，只是時間點不同而已，結果都是一樣的。反而太早學會的孩子到了學校發現又要重新學一遍，會覺得非常無聊。如果學校上課很無聊，孩子的注意力自然就轉移到最新遊戲或其他新奇事物上，他們只會把精神花在自己感興趣的。這種孩子的父母最後只能擔憂地說：「他小時候明明很聰明的，現在怎麼會變成這個樣子？」

對於理解力或記憶力很好的孩子，因為學習快速並且成績也很不錯，所以父母不會有問題意識。這類孩子，若在小時候教導他們很多知識，那麼到小學三年級前，他們水缸中的水都不會喝完。父母就會因此感到安心。到了高年級，當學習開始有了難度，孩子一下子沒辦法消化而導致成績變差後，父母只好又選擇孩子小時候「補習班巡禮」的生活。

就算再多山珍海味擺在眼前，人的消化與身體所能吸收的量也是有極限，不可能全都吃光的。如果吃太多東西，對健康反而有害。體內的營養透過血管輸送到全身，長出新細胞，並且進行各項生理作用，如果這樣的過程順利，孩子也會長得健康強壯。知識也是一樣的道理，不是一股腦兒地塞到小孩的腦中就好，而是要經歷一個「內化」的過程。

所以比灌輸知識更重要的，是讓孩子形成能夠接收知識的基礎。如同紮根深穩的大樹可以長得又高又大，強風吹襲也不動搖，高聳入天的建築物，地基就必須打得夠深入。而這個打地基、建柱子的準備過程，就是孩子形成基礎實力的過程。換句話說，培養基礎實力，並不是要給孩子許許多多的知識，而是要培養他們接收知識的能力。

只要知識是透過適當的學習過程獲得，不管在哪個時間點上吸收，都是一樣的。但是建立基礎實力所需耗費的時間卻是因人而異的。而且也不是提早三、四年開始學知識，就可以獲得比較好的成果。如果小時候先形成夠堅強的基礎實力，到了該學習的時期，這樣的實力就會發揮出預想不到的巨大威力。就如同小小的炸藥，卻能炸穿山嶺造出隧道一樣。

培養孩子的基礎實力，就是在孩子心中的寶庫裝滿寶藏。這些寶藏就是豐富的想像力、優秀的觀察力、敏銳的美感、別具創意的創意力、詩人擁有的詩心、以及對音樂的感受力。除此之外，還有理解力、思考力、表達力等等，形成基礎實力的要素不勝枚舉。寶庫中填滿寶物的孩子，只要隨時將這些寶物拿出來，就能夠輕鬆有趣地學習。

舉例來說，在國語課的時間讀到「螞蟻與紡織娘」這一課，讓孩子接著故事結尾往下寫的時候，就必須用到想像力。擁有豐富創意力的孩子，自己編了新的故事之後，再加上表達力，就可以完成很棒的作品。對於這樣的孩子來說，念書怎麼可能不有趣，又怎麼可能不容易呢？

孩子只要擁有形成基礎實力的要素，不只是國語，所有科目都能有卓越表現。不僅如此，他們還能發揮意想不到的能力，為父母增光，也能成為對國家有貢獻的人才。這些基礎實力的要素還可用在學問以外的累積上面。例如：比爾・蓋茲就是發揮了創意，才能成為電腦軟體界的帝王。法布爾因著喜愛昆蟲的心，以及優異的觀察力，成為世界性的昆蟲學家。如果要成為好的設計師，必須具有細膩的美感；要成為好的詩人，也必須擁有豐富的感受。一個沒有感受的孩子，難道能靠高價的花費請來優秀的教師教導技術，就能成就的了詩人嗎？

書要唸得好，首先就必須要有好的理解力、思考力以及表達力。小學時期學習的一切科目都是為了培養這些能力。以國語一科為例，我們準備了一些文章讓孩子讀，他們理解內容之後，就整理自己的想法，再用語言或文字表達出來，最後可以試圖與人辯論。數學也是一樣。數學這一科不只是要小孩背公式，而是試著將未來生活中將會碰到的許多問題加以抽象化，並進行分析與解決。所以各種科目雖然看起來內容各不相同，但其實目的都是一樣的，就是培養基礎實力。擁有基礎實力的孩子，就算進了國中、高中，在各個領域都能很輕鬆理解，並且很快適應。因此小學低年級與其進行以獲得知識為主的教育，不如專心培養讀書的基礎實力，才是更佳的方式。

基礎實力三要素——耐心、專注力、熱情

成績好、很會讀書的孩子，到底有什麼共通點？

那就是耐心、專注力與熱情。就算頭腦非常好、一學就懂、記憶力很強，但如果沒有耐心，不能堅持到底，那麼就只會像一閃而逝的螢火，無法持續發光發熱。如果有耐心，可以持續忍耐，卻還是沒有辦法貫通核心，那就像破碎的放大鏡一樣，就算有易燃的材料，如果沒有集中的火力也枉然。而要點燃材料，需要的就是熱情。

字典上對於耐心的解釋是忍受痛苦或麻煩的能力。不只是孩子，就連要求大人要非常有耐心也不是件簡單的事情。所以父母要發揮讓孩子能忍耐的耐心。連續讀書三十分鐘都沒辦法忍受的孩子，並不是做任何事情都沒有耐心。舉例來說，我們常看到有些孩子開始讀書不到十分鐘，一下子喝水，一下子偷看家人，但是只要玩起電玩、看起電視，居然可以坐定好幾個小時。所以我們並不能說他們沒有耐心或專注力。

問題是要如何找出讓他們無法忍耐或者無法專注的原因。父母要先找出孩子無法專心讀書的真正原因才行。也許是看著書卻看不懂內容的意思；或者手拿著書，滿腦子想著電玩的畫面；又或者心中只想著要跟朋友出去玩，這些情況下小孩都不可能有耐心，也不可能專心。如果父母忽視這些原因，只知道每天逼小孩坐在書桌前一、兩個小時來培養耐心，那麼

就像壓著的彈簧一樣，一旦忍耐到達極限，孩子將會出現脫軌的行為。耐心與專注力不是靠反覆練習就可以達成的。那到底要怎麼要做才好呢？

首先要透過與孩子深談以了解問題的真正原因，進而對症下藥解決問題。舉例來說，孩子因為聽不懂老師講課而導致在上課時做些別的事情，那麼在前一天事先預習第二天的課程內容即可解決。如果是因為電玩而無法靜下心來讀書，或者想要出門去玩而在書桌前坐不住等情形，都必須要先分別加以解決，才有機會培養孩子的耐心與專注力。

熱情也是一樣。熱情來自於想要讀書的欲望，然而對大多數人而言，讀書都絕不是有趣的事。為了成績，再無趣、困難的東西都得讀，感覺枯燥時也必須忍耐，對於不會的內容更要反覆練習。要讓孩子願意持續做這麼無聊的事，就必須要有立即的報償。特別是低年級的孩子，這一點更加重要。這種報償可以是物質性的，也可以是時間性的。例如唸完某個程度給一些零用錢，或者讓孩子看喜歡的電視，玩一陣子電玩之類的。將孩子喜歡的各種活動與讀書連結當做報償，是很有效的方法。但是到了高年級之後，用這麼一點利益當誘餌要孩子讀書，他們是不容易接受的。高年級的孩子必須清楚自己讀書的理由，也要知道自己經由讀書能夠獲得的東西，也就是要有目標。目標來自於夢想。有夢想的孩子，可以為了實現夢想，不需靠父母提醒，他們也願意自動自發地讀書。所以若要讓小孩擁有讀書的熱情，就要先培養他心中的夢想。沒有夢想的孩子，是絕對不可能主動讀書的。讀書的基礎實力，可以用下列公式表示：

讀書的基礎實力

＝（理解力＋思考力＋表達力）×（熱情＋耐心＋專注力）²

讀書的基礎實力就有如肉眼看不到，確實存在的核能一樣。「理解力＋思考力＋表達力」一言以蔽之就是智力，「熱情＋耐心＋專注力」則是實踐力。從以上公式看來，即使智力很優秀，但沒有實踐力，也是沒有用的；但就算智力有些不如人，只要實踐力強，還是可以產生出強大的能量。所以，理解力、思考力、表達力只要有熱情、耐心、專注力的支撐，就能發揮核子爆炸般的驚人威力。

孩子的基礎實力有賴父母協助

讀書是可以自己讀的，但讀書的基礎實力很難靠自己培養，一定要有人從旁協助才行。而最必須為此負責的人當然就是父母。我們可以說這種實力的泉源來自父母的愛。天下父母都愛子女，而且超乎愛自己的生命。這種大愛在世上絕無僅有，其中還包含犧牲的巨大力量。只要有愛就能超越一切，即使對方不按照自己的意思行動，常讓自己傷心，甚至被欺騙、怨恨，我們還是會無怨無悔地付出一切。請銘記在心，這種愛就是讓孩子形成基礎實力的泉源。

有時我跟一些家長面談時，會告訴他們一些成功教育子女的實例，大部分家長聽了都會感嘆連連，然後說自己力不從心，根本做不到，如此等於是從一開始就棄械投降了。試想，如果不願意播種、細心照料，又怎麼可能收穫美好的果實？由父母親手播種、施肥，再加上悉心照顧，才能期待結出甜美的果實。如果看到別人家的孩子積極主動學習，請千萬不要只是羨慕，應該要試著想想自己該怎麼教導積極主動的孩子。如果別人家孩子愛看書，父母就該想想看自己能做些什麼，讓自己的孩子也會愛看書。千萬不要覺得已經太遲了，應該要把這樣的機會想成現在才是讓孩子改變的最後機會。自己的孩子喜歡什麼？不足的是什麼？夢想是什麼？陪著孩子一起找出來。最後的機會需要父母給予一臂之力。

●媽媽的關心

我們跟媽媽談話的時候，偶爾會心一笑，因為孩子跟媽媽實在太像了。有時不但是外表像，連笑起來、皺眉頭的樣子、講話的語氣等等，都跟媽媽是一模一樣。如果再跟孩子講講話，會發現有的孩子長得像爸爸，想法卻跟媽媽相似得不得了。因為孩子跟媽媽相處的時間長，所以媽媽說話、嘆氣的方式、甚至連思路都會在無意間全傳達給孩子。媽媽的影響是這麼深遠。如果媽媽不關心教育，心思都用在其他地方，那麼孩子也不會專心讀書，心思也會用在他處。事實上孩子在乎的是如何討媽媽歡心。所以如果媽媽一心想著股票投資，只有嘴裡嚷著要孩子讀書，那麼孩子心中想的也只會是股票與金錢。如果真心希望孩子成績好，媽媽最關心的事情就必須是教育。

●媽媽說的話

媽媽說出的話，可能讓孩子寶庫中的寶物一下子全都消失，也可能讓原本空空如也的寶庫一下子裝滿。若媽媽跟孩子說：「你一定辦得到。我相信總有一天你一定能學會。你這麼努力，一定會成功的。」孩子就會因此獲得勇氣，結果就會如媽媽所說的實現。這樣的勇氣能夠讓孩子即使面對接二連三的困難，也能順利克服。如果孩子放聲大哭，看得到孩子優點的媽媽會說：「女兒的肺活量很好，以後說不定是個知名的聲樂家」如果原本沒有閱讀習慣的孩子無意間拿了一本書看，媽媽可以試著說：「看到賢俊這麼喜歡看書，說不定以後會是個博士。」

人的話語中帶有隱形的能量，媽媽說的好話，一定會傳到孩子的心裡，最後一定會實現的。

●媽媽的努力

常常有媽媽到孩子升上高年級，才驚覺自己沒有好好花時間陪伴孩子。反而是身邊有幼兒或低年級孩子的媽媽總會抱怨：「什麼時候我才能一個人逛街？」等孩子到了初中或高中，媽媽又會懷念起跟孩子在一起的時光：「當時應該多花點時間陪孩子玩的。」並懊悔沒有多花點時間陪孩子。所以萬萬不可錯過陪伴孩子的時光。在孩子還很需要媽媽的時候，盡量多陪他們。

有機會請多帶孩子一起去探訪文化遺跡、博物館，或者一起尋找螞蟻蛋、到池塘邊抓蟲、一起閱讀宇宙相關書籍，然後天南地北地聊聊，還是互相搔癢對方，創造各種在一起的回憶。還可以到秋天的農田去看稻穀、一起去看戲劇等，可以跟孩子一起從事的活動可說是不勝枚舉。透過這些活動所累積的基礎實力是即使花再多時間去補習，也不可能得到的。

第二部

培養優等生的家庭學習指導法

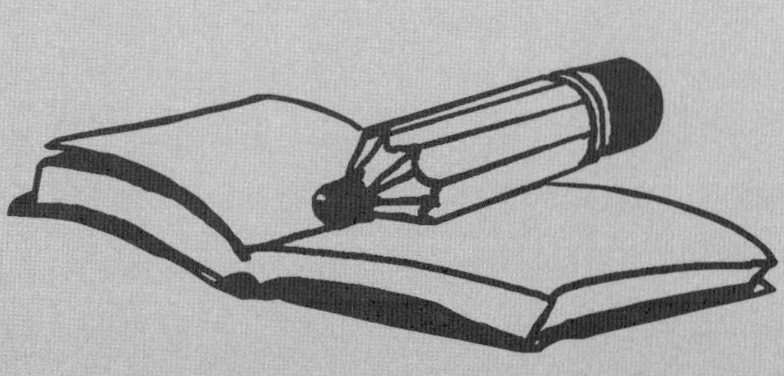

1 媽媽是經理人

孩子的學習需要父母的管理

身為職業婦女，小強的媽媽每天處理客訴，回到家中總是身心俱疲。然而經常打開家門一看，到處亂七八糟。東西四處亂放，流理台上堆滿了用過的碗盤。才剛回家，就要洗碗、洗衣服、煮飯，還要準備明天的便當，連坐下來喘口氣的時間都沒有。就在這時老大小強跑來問媽媽：

「媽媽，今天的功課是日記，要寫些什麼？」

疲累不堪的媽媽用自己僅剩的一點耐性回答說：

「隨便選一個題目寫就好了。」

老二小露看看媽媽的臉色接著說。

「老師說明天要交豆腐的實驗結果，還要拍照。」

就在這時，一年級的老么小星也發現這是講話的機會，連忙說：

「媽媽，老師說明天早上導護媽媽要去學校。」

媽媽努力壓抑衝上來的怒火。

「這種事你為什麼到現在才講？」

小星委屈地快哭了出來。

「我前天明明跟媽媽說過了……」

於是，媽媽開始陷入複雜的情緒。她很想培養出最棒的孩子，也希望自己能像其他積極的媽媽一樣，能花時間心力經常到學校去幫忙。可是現在工作已經夠忙了，麻煩事又接二連三。然而，在孩子面前她不能表現出這樣的情緒。

「日記就大致寫寫今天發生的事情。今天太晚了，明天我再到市場去幫你買豆腐。我明天會早點起床幫你們做早餐，上班之前先去學校當導護媽媽。」

這樣說完，媽媽才想起最近都沒有好好陪著孩子讀書，感到有些愧疚，想起應該要確認孩子是不是有好好寫功課，於是她對孩子們說：

「你們把評量跟聯絡簿拿來給我看。」

但是，在看到參考書與聯絡簿的瞬間，媽媽的怒氣就像火山爆發似的一發不可收拾。

「小強！這本評量你多久沒寫了？如果要這樣，那乾脆以後都別寫了。小星！你的聯絡簿到底是用手寫的，還是用腳寫的？」

媽媽一生起氣來，這天晚上，家中就不得安寧了。深夜看著孩子哭著入睡的臉龐，媽媽決定第二天要幫孩子在附近找個有供餐又帶孩子寫功課的安親班。

令我們覺得惋惜的是，許多父母都在子女教育問題上，碰到了嚴重的障礙。其中最大的理由就是沒辦法對子女教育進行持續性的管理。就如同上述這位母親，每天忙得跟老鼠跑旋轉輪一樣暈頭轉向，猛然想起檢查孩子課業，才因結果不如預期而責怪孩子，其實這只是父母自己沒有盡到責任而拿孩子出氣而已。這樣的父母，即使將孩子送到補習班或安親班，如果自己沒有進行管理，要有好的結果是很困難的。

許多父母都期待孩子不用上補習班，不用請家教，也不需要在旁邊盯著，孩子自己就可以很主動做好所有的事。不少的家長都會羨慕地說：「別家孩子從沒上過一堂補習課，在班上總是前兩名，為什麼我的孩子花了這麼多錢補習，卻還是這副德性！」然而在抱怨之前，我們有必要想想，為什麼沒辦法指導孩子把書讀好。即使請家教或送到補習班，如果家長不進行管理，那麼就很難獲得期望中的成果。不用補習，也沒請家教的孩子，之所以能在班上拿前兩名，就是因為爸媽有付出關心，並進行管理的結果。

媽媽必須成為孩子的經理人。課程內容的教學是由教師負責，但學習的管理應該要由媽媽負責。即使是總統，也不是靠個人爬上現在位子的。周邊一定得有多人幫忙才能成就的。無名小卒要成為天王巨星，通常都有一個經紀人幫他安排許多的事項。孩子也是一樣。剛開始讀書的孩子不可能知道讀書的訣竅，所以要有人幫忙排定計畫，再督促孩子按照計畫實踐，並且定期檢討成果，這就是經理人的職責。這麼說來，父母到底要如何扮演這樣的角色呢？

發揮正面力量的最佳演技

當媽媽是很辛苦的。如果又得同時扮演媽媽、太太、甚至上班族的三項角色，那麼在孩子長大之前更是辛苦至極。這麼辛苦的媽媽，她的一句話就能夠輕易左右家中的氣氛。媽媽如果情緒陷入低潮，孩子也會無法安心念書，而必須時時窺探媽媽的情緒，這是只要曾經當過媽媽的人都體驗過的事。當然也會有完全相反的情況。所以媽媽必須要具備相當的演技。就像演員們透過精湛的演技讓觀眾們感動一般，要讓孩子感動，需要的就是媽媽的演技。

假設孩子不小心將杯中的水灑了一地。這時孩子會產生不安與歉疚的心理。如果媽媽還對他們大吼：「你到底是誰生的啊？怎麼這麼不小心？」孩子的心情會如何？我想孩子一開始是知道自己做錯事、也想道歉，但是，一聽到媽媽這樣說，卻會產生這樣的想法：「難道媽媽自己就從來沒犯過同樣的錯？真討厭。」有時甚至會連坐在一旁的爸爸也覺得自己莫名奇妙被牽扯進去，心裡不是滋味。如果這種事常發生，孩子的心中就會產生反抗意識。

若是媽媽希望孩子不要太冒失，做所有事情都能冷靜沉著，就應該這麼說：「你有沒有受傷？我們把弄濕的地板擦乾淨吧！」那結果又會如何呢？孩子一定會想，媽媽是在乎我的，以後一定會更小心不犯錯，家裡氣氛還是和樂融融，可說是一舉三得。

上班族媽媽也一樣掌握家庭氣氛。媽媽回到家，踏進玄關的那一秒十分重要。對媽媽來說，下班回到家中算是一天的結束，但對小孩而言，媽媽下班後可是跟媽媽歡度時間的開始。孩子們一整天期待的就是媽媽的歸來。只是因為這是每日反覆發生之事，所以孩子不會刻意地表現出來。即將展開的夜晚時間是否和樂融融，將由媽媽打開大門的瞬間作出的第一個表情與說出的第一句話所決定。

請記住，如果今天不太如意，回家之前請先換個表情，讓孩子看到您的微笑。即使進門看到家中亂七八糟，孩子埋頭打電玩，也請注意不要生氣，稍微提高語調，用很想見到孩子的感覺問：

「可愛的小孩！媽媽今天好想你們喔！我好愛你們！我們一起來整理一下餐桌，然後一起吃晚餐吧！」

這樣一來，孩子就會用充滿期待的語氣，你一言我一語地搶著跟媽媽訴說今天發生的事。

「幫我在聯絡簿上簽名。學校發了一張通知單，說星期三下午兩點要開家長會。還有哥哥剛剛打我……」

聽孩子說了這麼一大堆，你可以這樣回答：

「吃晚飯的時候，我會好好聽你們說，現在請你們去整理一下自己的功課，七點半到餐廳坐好吃飯喔！」

在餐桌上的時候，就可以跟孩子們談談學校發生的事情。這時要發揮的演技，就是即使孩子講的並不是什麼大不了的事情，也要臉帶笑容。如果，家人團聚的時光能夠在歡笑聲中度過，家中氣氛必定和氣洋洋，孩子也會有念書的心情。

每天至少陪孩子半小時

近來不只是職業婦女，連家庭主婦都很難整天待在家中。父母以為孩子會自動自發而忽略管孩子。這樣一來，父母就會無法在孩子發生問題時立刻發現，因而錯過跟孩子一起解決的機會，嚴重時，甚至無法與孩子溝通，等於放棄了父母的責任。

正然家的父母是利用每天早上醒來後的三十分鐘，跟孩子一起躺在床上，談談學校發生的事情。智先家的父母則是利用睡前的三十分鐘，在關燈後跟孩子天南地北地談話。

這些家長都透過積極的努力，去發現孩子的問題，並找出解決的方法。這種努力能夠讓親子建立共鳴的基礎，生活中遇到的壓力都可以在家中得到紓解。要打動一個人必先打動他的心，要打動人心最好的方法就是說出真心話。這樣的法則一樣可以用在孩子的身上。

訂定目標讓孩子實踐

惠仁的媽媽是小學老師。一般人都認為，老師要教好自己的孩子一定是輕而易舉的。然而惠仁的媽媽跟一般的職業婦女並無太大不同，在她下班之前，孩子也一樣放著不管。惠仁會先跟同學玩一下，吃完晚飯後開始寫作業，但她總是在寫了一段時間之後，就會趴在書本上睡著。每次看到惠仁這樣，媽媽都覺得很煩惱。

惠仁又覺得如何呢？惠仁從學校回家後，只能自己用鑰匙開門，進門後將書包隨手一丟，立刻又出門去找朋友玩了。她根本將媽媽的叮嚀與老師交代的作業全丟到腦後，一心只知拼命玩耍。她總是玩到媽媽快要回家的時候，才連忙跑回家中，收拾書包跟準備隔天上學的東西。所以等到晚餐後，她坐在書桌前時，其實已經很累了，可說已經處於半睡眠狀態。

跟我們面談後的幾天，惠仁家客廳的牆壁上貼了這樣的目標：

本週目標：做完功課才出去玩

本月目標：看三十本書並寫下讀書心得

今年目標：學習管樂器

這些看似不起眼的簡單目標，卻可幫助惠仁培養出自主學習的習慣。定下這些目標的六年之後，惠仁已經成了個愛書成癡的孩子。

協助孩子養成自己找資料好習慣

自己一個人讀書的孩子，若是碰上了不懂的部分，只能束手無策。也因為隔天才能去請教老師，進度可能因此卡住，而無法繼續學習。當然也不可能隨時打電話詢問上班的父母。遇到這樣的狀況，一般父母只能依賴補習班或家庭教師。

這個時候，讓孩子擁有自己查資料的習慣，是比送去補習班更根本性的解決方法。若是在書上碰到了疑問，可以活用寫有詳細解說的參考書，如果是社會與自然科，也可以利用補充教材。孩子的書架上至少要有國語辭典跟一本兒童百科全書，而且要養成孩子查詢此類書籍的習慣。父母要教導孩子查詢的方法，並且告訴孩子查資料對於念書這件事的優點。做到這兩件事之後，接下來父母要做的就只要說說這幾句話而已：

孩子：媽媽！這是什麼？我不知道。

媽媽：這樣啊！媽媽覺得你比我更厲害耶！請你去查資料告訴媽媽答案，好嗎？

實際上，有時孩子在查資料的過程中，會獲得連大人也想不到的一些概念。

父母有恆心，孩子才會有恆心

就算目標設定得再好，再會查資料，如果沒有持續的恆心，那就像在好的基地上蓋起一座搖搖欲墜的建築一樣。要孩子維持這種恆心的秘訣，就是父母有恆心的管理。每日的課業檢查工作父母常常會忘記，甚至碰上搬家、節日、休假等，日子很容易在不知不覺中度過了。而孩子轉眼間就升上高年級，最後只聽到媽媽後悔的嘆息聲。

孩子聽到父母催他們去讀書，很容易就覺得是在囉唆。如果孩子覺得父母講的話很囉唆、很多餘，那麼說越多，不但越不可能達到目的，最終只會讓雙方受傷。但我們不該讓孩子覺得這些都是父母單方面的強迫，而要讓他們覺得父母的要求本來就是該做的事。

因此媽媽最重要的職責，就是扮演經理人的角色。庭院裡的花草，如果缺乏良好管理，也一樣會枯萎或生病，更何況是人呢？沒有好好管理的孩子，父母想要期待他有良好的學習態度或習慣，有如緣木求魚一樣不可得。經理人的職責，絕對不是補習班老師或是學校老師可以代為做到的。唯有父母能做到，而且不是件太困難的事情。

2 讓孩子從小開始寫日記

家長的不安

小學入學典禮，不只對孩子，對父母來說也是人生新階段的開始，都會充滿期待與不安。孩子六、七歲的時候，父母因為期待孩子能贏在起跑點，所以會到處詢問其他有經驗的家長。

「孩子進入小學之後，應該準備些什麼呢？」聽到這個問題，多數人的回答大概是以下三種之一：

1. 差不多媽媽：

孩子的注音符號跟加減法都學會了嗎？一年級的第一學期會出現的數字只有1到10而已。只要能把老師講的數字寫出來就行了。剛開始沒必要給孩子太多壓力。

2. 不懂裝懂媽媽：

這個嘛！小孩一、二年級前，我帶著孩子很努力參加各種課程，一到高年級之後，我發現以前做的都沒用。真正的成績好壞，要到進了五、六年級才知道。所以低年級就放他們好好玩即可。

3. 自信滿滿媽媽：

一、二年級的時候，讀書雖然很重要，但是培養自信更重要。最好讓他多讀書，建立自信，並培養他們練習表達想法的寫日記習慣。

聽到上面這些建議，父母通常會讓孩子看書、學習英文跟畫畫，努力進行各項準備。但是進入小學之後，父母首先面臨的問題就是寫日記以及聽寫（譯註：韓文只要學完字母就可聽寫，相當於我們用注音符號聽寫紀錄語言的方式）。

學習這件事，可以比喻成穿衣服，第一個釦子扣得好，之後衣服才能整件穿好。要好好穿上學習這件衣服，從小學一年級起要扣上的第一個釦子，就是寫日記。然而對於寫日記這件事，父母的期待卻是異常地低。大多數父母覺得只要孩子每天可以自己乖乖寫好一頁日記就很值得高興了。

父母對於孩子寫日記的期望之所以如此低，是因為不想給孩子負擔。但是如果深入去看，就會發現寫日記並沒有想像中那麼難。父母只要學會一點指導方法，持之以恆，那麼這些小小的努力就可以讓孩子把基礎打好，甚至在日後幫助孩子建立自信。

如何指導孩子寫日記

如果我們有機會看孩子寫的日記，可以發現大部分都是將一天中發生的事以流水帳的方式列舉出來而已。由於最後必須加上自己感想的部份，則只會寫上一句「今天真是有趣」「今天真快樂」等。事實上，寫日記目的是回顧當天發生的事情，記錄自己的想法與感覺，在過程中擴大思考的範圍，並讓表達力越來越強。但大多數的孩子卻連填滿一頁都感覺吃力。其實因為孩子比大人坦率得多，只要幫他們抓出一個方向，就能很容易寫出非常棒的日記。

幫孩子抓寫日記方向，第一種方法是先選一件事來寫，並對此事多思考。讓我們來看看小學一年級周賢的日記。

我吃了蜜番薯。

真好吃。
那是媽媽為我們做的。
吃完了以後看電視。
我轉到七號台。
我看了魔法小子。
然後我就去念書。之後我們全家一起去洗澡。
這真是愉快的一天。

下面是看過這一篇日記之後，跟孩子分享的對話內容。

老師：蜜蕃薯很好吃吧？吃的時候有沒有想要分給我吃？

周賢：有一點！

老師：今天你做了很多事，對不對？要不要試著寫日記呢？

周賢：怎麼做呢？

老師：如果一天發生了十件事情，就從裡面選出一件事來寫，但是這一件事情，你要想多一點再寫。就像你這篇日記裡不是寫了很多事情，可是每一種都只寫了一兩句。從明天起，你就換個方法，每天只寫一件事，可是要寫你對這件事情的很多種想法。

經過這樣指導之後，周賢就寫出了這樣的日記：

游泳

今天下雨了，而且是陰天。我本來不想去游泳。但是我有一個很好的朋友在那邊，所以我還是去了。

老師的訓練太嚴格了，所以我覺得很辛苦。但是看到其他小朋友都很努力，所以我也想成為一樣有耐力的人。如果這樣，游泳就會變得很有趣。

剛開始周賢寫的日記只是將自己做過的事通通列出來而已，但新的日記則明顯寫出了他對於游泳這件事的想法。就像這樣，父母的幾句話就可以改變孩子寫日記的方向，甚至漸漸累積寫論說文的實力。

我們接下來介紹沒有材料可寫的情況。從每天自己做過的事當中尋找日記材料，並不是件簡單的事情。

阿定：媽媽！我日記要寫什麼啊？

媽媽：怎麼會沒東西寫？寫你上鋼琴班發生的事呢？
阿定：那個昨天寫過了啦。
媽媽：那要不要寫跆拳道道場的事情？
阿定：那個前天也寫過了啦。
媽媽：那就寫跟朋友玩的事啊……
阿定：這些全都寫過了啦。
媽媽：哎，為什麼日記要天天寫啊？

為什麼要寫日記？

讓我們回想一下自己小時候寒暑假作業寫的日記。大多數人對於寫日記的記憶應該都是又煩又難。文思豐富文筆又好的人，或許不怎麼擔心，但一般學生大概都覺得寫日記很討厭。因為每天過的生活變化不會太大，但是每天都要寫日記，素材一下子就用光了，導致寫出來的日記篇篇都大同小異。到後來甚至會變成每日反省文。

在剛開始教孩子寫日記的時候，如果告訴他們要在文中反省每天做的事情，並下定心新的決心，孩子就會認為日記不過就只是反省文而已。對孩子而言，要寫出這種「我今天做錯了什麼，以後絕對不這麼做了。」「我要改過，決心以後要這麼做。」之類的文章，絕對是不容易的。這樣一來，孩子反而會開始討厭寫日記，最後就會用交差了事的心態完成。更差的情況就是拿以前寫過的日記來抄，充其量只是換日期而已。

如果狀況這麼棘手，為什麼還要叫他們寫日記呢？理由是很清楚的。因為寫日記是訓練思考力與表達力最佳的方法。孩子透過寫日記，練習將自己的感想用文字表達出來，並培養思考能力。進入中學之後，他們沒有時間，也不會再有這樣的功課，所以小學低年級起，是最適合指導孩子撰寫日記的時期。在這段時期，要傾注心力指導孩子寫日記才行，甚至在比重上要較英語或數學更高。

想要將日記寫好，剛開始不應該集中於寫作的技巧，而是要增加思考的寬度與深度。如果親子雙方都搞不清寫日記的目的與方法，寫日記就是件無比痛苦的事，然而若是對這兩點清楚了解，那就沒有比寫日記更有趣的事情。

從孩子自己的想法中尋找題材

接著來看看，在尋找題材上遇到問題的孩子該如何寫日記。

我們第一次見到正然，是在他七歲的時候。正然的媽媽對日記很關心，努力地指導他寫日記。我們看了正然的日記後發現，他就像其他孩子一樣，只知道將一天中發生的事條列出來而已。正當我們在思考該要如何指導他時，正然自己先開口發問。

正然：老師，為什麼每天都要寫日記呢？

老師：為什麼這麼問？每天寫日記很累嗎？

正然：不會很累。可是每天好像都差不多，不知道為什麼媽媽要我每天寫日記。

老師：原來如此。那就不要寫發生的事情，寫你自己的想法好了。

正然：要寫什麼？如果想不出來怎麼辦？

老師：老師覺得你很會想事情。像你現在就想到要問：如果想不出來怎麼辦，對不對？

兩人（笑）

老師：正然，那你試試看，現在不是秋天了嗎？秋天會讓你想到什麼？

正然：（沉默）

老師：人們到了秋天，跟夏天會有什麼不一樣？樹木跟山的樣子會有什麼變化？如果自己想不出來，也可以看一些跟秋天有關的好書。

正然：啊，我想到了！我現在知道日記怎麼寫了。

這樣談過之後，正然就寫出了以下的日記：

秋天的風景
一到了秋天，樹木跟人都會換外衣。
人們開始穿上大衣或厚外套。
樹葉變成了黃色跟紅色。
顏料用的是胡蘿蔔素跟葉黃素。
因為天氣讓葉綠素變弱了，
胡蘿蔔素跟葉黃素就顯現出來了。
樹葉因為變漂亮了，覺得很快樂。

如果日記中只寫發生過的事情，那每天都要有新的體驗才行。要不然就只能自己編小說。所以在一成不變的生活中，要靠改變自己的想法，甚至偶爾加上一點想像，才能找到寫作的題材。只要跟孩子稍微談一下就可得知，他們的創意比大人豐富許多，想法也特別多。孩子常常在寫一個主題的時候，突然想到其他的東西，就會順著寫下，到結尾的時候，可能又想到另外一件事。等他寫完了拿起來一讀，會發現最後寫的東西跟題目一點關係也沒有。因此有必要教導他們拿一種題材，就圍繞著這個主題想出各種相關想法的方式。

方法其實很簡單，只要針對孩子有興趣的主題，拋出幾個問題給他就可以了。「你為什麼想要寫足球的事情呢？」「爸爸又忙又累，還花時間陪你踢足球，對於爸爸你有什麼感覺？」「你怎麼開始接觸足球的？」「看到足球，你有什麼感覺？」這些短短的疑問句，就足以幫助他確實掌握寫作的題材。

對於想不出題材坐在書桌前白耗時間的孩子，幫助他們的唯一方法就是提出各種問題，讓他們從裝滿想法的腦袋中激發出創意。如果能帶孩子從事一些特別的活動，從中找到寫日記的材料，也是很好的方式。可以到運動場去玩遊戲，或是到附近的公園去摘花，這些都能幫孩子打通創意思考的路徑。

剛誕生在這個世上不久，就要學習如何將自己的內心表達出來，對孩子而言寫日記絕不是件簡單的事情。父母一定要記得孩子是新手中的新手。他們拿起鉛筆後，要花很多時間思考，才能將紙上的空白填滿，這些都不是容易的事。對剛開始寫日記的孩子，不必勉強要求他們每個字或注音都正確寫出。有的父母會用紅筆來改孩子日記中寫錯的地方。如果這麼做，孩子就不能專注於思考文章內容，而會將焦點轉移到其他非當務之急的事情上，也可能會覺得寫日記太困難，因而開始討厭寫日記。清楚孩子們是新手的狀況，就會知道此時最該做的就是盡情讓孩子的思考力釋放出來。

等孩子熟練用文字表達自己的想法之後，接著就是要他們練習寫出引發這樣想法的理由。孩子對世界的體驗雖然尚嫌不足，但想法的深度與廣度卻常常超越大人的想像。如果忽略詢問這個理由，孩子可能就會漏失將靈感具體化並加以發展的機會。在《小王子》一書中，小王子畫出了吞下大象的大蟒蛇，但大人看到那形狀都以為他畫的是頂帽子。如果被既定印象牽制而忽略發問，那麼就會埋沒掉孩子的想像力。

如果將想法發生的理由寫出來，孩子就可以更生動、更具體地掌握住這個想法，也能培養邏輯思考能力。所以，到了這個階段，要常常這樣問孩子：「你為什麼這麼想呢？」

讓孩子用各種不同的形式寫日記

如果能利用各種形式寫日記，不但可以培養創意，孩子也會寫得更起勁。日記可以是圖畫、漫畫、書信、詩、調查報告、遊記、讀後感、童話等等，可以讓孩子自由發揮。

其中最容易寫的，大概就是圖畫日記了。圖畫日記是掌握文字運用的基礎，培養想像力與表達力的重要工具。孩子使用語言的能力還不完整，要用文字表達自己的感覺有其極限。但他們很會用圖畫表達自己的內心世界，所以先畫出圖之後，就能寫出很好的文章。只要圖先畫出來，再試著用文字去說明圖畫，通常都能成為不錯的文章。甚至在小學入學前，四、五歲的小孩只要會拿筆，父母都可以讓孩子試試圖畫日記。

真秀開始練習作圖畫日記，是在四歲的時候。她的第一篇圖畫日記，是用鉛筆在紙上畫了一個大大的圓。媽媽問她：「這是什麼東西？」她回答：「是豬排。」她想要表達的，就是那天中午吃的豬排。真秀的爸媽不但將這張最早的作品「豬排」掛在自己家的客廳裡展示，還把後來真秀畫的許多作品貼在家中各處。這些信手塗鴉，能夠成為不得了的作品，讓孩子獲得了無比的自信，更勇於盡情表達自我。就是因為當初的這些畫，現在五年級的真秀不但圖畫得好，文章也寫得好，是個在學校很出風頭的學生。

下頁就是真秀小學二年級時創作的詩日記與漫畫日記。除此之外，看完一本書之後寫的讀後感、寫給爺爺奶奶的信、反省一天經過的反省日記、寫下檢討某事實踐進度的實踐日記、寫下為假期生活所做的計劃日記、讀了歷史或科學書籍之後紀錄有價值資料的資料日記等等，日記的形式多得數不清。如果生活、學習、玩耍以及其他的事情都可以成為題材，用各種的形式來表達，那麼孩子的表達力與想像力將會發展到令人驚訝。

對整理與表達自己想法的方式勤加練習，那麼未來寫作文根本用不著擔心。雖然目前作文補習班也很熱門，但提高作文最好的方式只有寫日記一途。

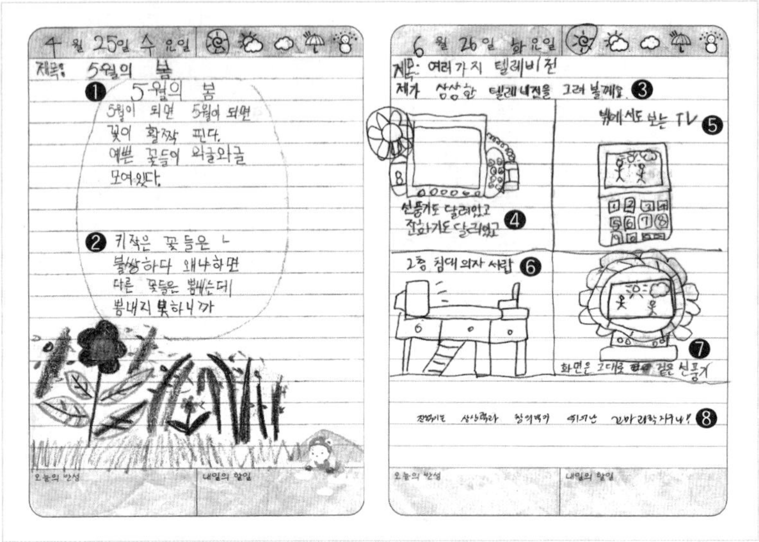

4 月 25 日 星期三
題目：五月的春天

❶五月的春天
到了五月，只要到了五月花就紛紛開了。
漂亮的花熱鬧地出現在原野上。

❷小小的花
很可憐，
因為不像其他花能
探出頭來給大家欣賞。

6 月 26 日 星期二
題目：各種電視機

❸我把我想出來的電視機都畫出來

❹加上電風扇跟電話

❺在外面也能看的電視

❻雙層床鋪椅子抽屜電視

❼中間是畫面，外面是電風扇

❽（老師的意見）
你很有想像力與創造力，是個小小科學家！

3 怎樣培養喜愛閱讀的孩子？

習慣閱讀的階段

相信大家都知道閱讀的重要。大家也都知道，成績好的學生通常都很愛看書。雖然大家都清楚，但是就是有喜歡看書跟討厭看書的孩子。理由到底在哪裡？終歸一句，最大的理由就是取決於父母是否在孩子還小的時候就培養閱讀習慣。韓國有一句諺語說：「三歲的習慣，到了八十歲還改不掉。」意思是小時候培養出的好習慣是人生的重要資產了。所以孩子還小的時候就要集中火力，培養出他們閱讀的習慣。如果孩子已經上小學，對他們用下頁的對話方式可能為時已晚，但為了確實了解孩子的閱讀習慣是如何形成的，讓我們從孩子出生開始來看看。

剛出生的嬰兒雖然沒辦法用語言表達自己，但其實他們一直都想跟媽媽交談。這時媽媽都會輕聲細語地試著跟孩子說話。

「寶寶長得真快呀！」

「你是不是肚子餓了？」

「寶貝尿尿了嗎？」

雖然一般媽媽對嬰兒說的都是日常生活對話，但嬰兒就是藉由媽媽的對話學會說話與表達。還有另一種教孩子閱讀的方式，就是拿繪本說故事。這時可以問孩子：「你覺得怎麼樣？」然後再自問自答：「好有趣喔！」也許有人會認為，還不會說話的孩子看什麼書呢？其實這樣做就是讓孩子跟書本能夠親近的第一步。其實媽媽不用說，孩子通常會自動喜歡上常見的東西。所以在孩子觸目所及之處放些書，讓他們常常接觸，覺得書本跟媽媽一樣熟悉。

看書想像的階段

孩子們可以透過書本來認識世界，所以看的圖畫書越多，代表間接的體驗越多，這些體驗最終都能轉換為想像力與思考力。

首先，透過圖畫可以拓展孩子的想像空間。孩子看著圖畫，摸著書頁，會開始用只有自己才懂的語言喃喃自語。這時媽媽可以快速反應，做出跟孩子相同的動作，並模仿圖畫中的有趣表情。鯊魚的可怕表情、魚爸爸的堅定表情、小魚與媽媽的害怕表情、以及窗戶上露出兩隻眼睛的螃蟹的表等等。如果可能，還可以模仿房子旁海草的樣子，讓孩子沉浸到書本的世界中。這樣一場表演下來，一定能讓孩子咯咯笑出來，到後來就會要求媽媽經常讀這本書念給他聽。如果孩子反應良好，那麼就可以斷言說他們喜歡書本。

讀書給孩子聽的階段

讀書給孩子聽的時候，父母的情緒十分重要。這是因為讀繪本的時候，孩子接收到的不只有爸媽的聲音與表情，連內心的情緒都會一併接收。如果父母心情不好，或只是因為責任而勉強讀書給孩子聽，那孩子是可以感受到的。但是父母如果用愉悅的聲音讀給孩子聽，孩子不但會感到高興，還會從書架上拿其他書下來，自己試著閱讀。請記得當父母念書給小孩聽的時候，一定

多看繪本。

要自己先進入童心世界，用愉快的心情加上努力。如果書中講到打雷，需要音效，自己就要發出「轟隆隆」的聲音。當書中的小孩講話的時候，自己就要裝出可愛的聲音；老爺爺講話時，則要顯出蒼老的聲音……。如果能像這樣生動扮演各種角色，孩子一定會聽得津津有味。偶爾也可以利用童話CD或mp3。但是剛開始聽有聲書的時候，絕對不要放任孩子自己一個人聽，在孩子培養出可以獨自聽得津津有味的習慣之前，父母必須要陪著孩子一起聽。

透過這樣的過程，孩子學會了使用CD或mp3的方法之後，會重複無數遍讀同一本書。到後來孩子會預先知道翻頁處，知道下一句要接什麼話，甚至會將整本書的內容背得滾瓜爛熟。這種現象在三到五歲的時候最常發生。要打造愛看書的孩子，這是絕對不可以錯過的時機。

親子共讀的階段

孩子漸漸開始認字之後，父母都會有一種煩惱。因為孩子熟悉書本已經好幾年，並且可以接受一本幾十頁的書。他們雖然可以慢慢讀一本書，但很想快一點知道書裡的故事，所以他們會要求爸媽繼續念書給他們聽。但是父母通常會用孩子已經可以自己看書這個理由，對他們施加壓力要孩子自己閱讀。這樣的現象就有如強迫剛拿到駕照的新手，馬上開到路況複雜的街道上去是一樣的，總是要陪著練習幾次才能上手。所以面對這樣的尷尬情形，父母應該要耐心試著再陪讀幾次，幾次之後，孩子絕對會展現讓父母吃驚的實力。

父母總是為孩子煩惱很多。當孩子不會認字的時候，父母認為讀故事書給孩子聽是應盡的責任，也是愛的表現，所以會拼命去做。但是，一旦孩子學習注音好幾個月，而且獨立閱讀也沒問題，卻還是一直要求父母唸故事書給他聽。父母不由得擔心。

「這樣下去，會不會以後自己無法一個人看書？」

「難道是因為我上班，所以孩子才需要更多的愛嗎？」

「要趕快讓他習慣一個人看書……」

其實這些情況根本就不需要擔心，你可以一直為孩子唸故事書，直到他自己看書為止。就像新手開車也需要有人陪一樣，再幫他讀一段時間都沒問題。如果幫他多讀了十本書時，就可以從中選出一本內容最少的，要他試著讀其中的一頁，之後再慢慢增加份量。這樣下去，脫離要父母陪伴將只是時間問題而已。

獨立閱讀的階段

如果耐心度過一起閱讀的階段，到後來孩子一定不會想要父母讀給他聽。因為他們會發現獨自閱讀時，才能更仔細看圖，更可以想像並感受其中的情緒，這個流程是很私密的，他們不會喜歡有人介入。這個時候，孩子會更想要聽有臨場感的錄音帶而非父母的聲音。「這傢伙怎麼這樣！想當初我多麼辛苦排除萬難，再累也要讀給他聽，結果現在竟然……」雖然父母會覺得有點悶，但這也是沒有辦法的事情。只要孩子開始愛看書，父母就應該感到欣慰才對。

此時有一件父母要做的而且比念書給孩子聽更麻煩的事。那就是無限制地買書給孩子。很多父母會說：「你多多看書。只要你們想讀的書，我都會想辦法幫你們買來。」但其實花在買書的費用往往比想像的還多很多。剛開始看到孩子愛讀書會很高興，有些人連上萬元的套書都會一口氣買下來。但是買過書的人都知道，這種套書買起來的費用可是很驚人的。好不容易用分期付款買來的書，孩子竟然不到一個月就全部讀完了，然後又要求再買新的。這個時期的孩子，好奇心旺盛，不太喜歡閱讀重複的東西，所以一直想看新的書，這也是理所當然。

但是父母就陷入兩難。不管花了多少錢買書，孩子都很快地看過，又開口要新的。有些父母甚至會想那些書孩子起碼要看個十遍才能回本，而要求孩子紀錄讀書的次數。

如果事情演變至此，孩子看書將會有負擔，搞不好從此他就不看書了，那不是更得不償失。其實這時候最好的辦法是利用圖書館。從圖書館借書，最大的優點是可以讀到好書。而圖書館中的圖書千百種，樣樣齊備，可以讓孩子接觸到各種不同的知識。週末帶著孩子到圖書館去選書看書，回程吃個小點心，這將會成為孩子一生無法忘懷的記憶。

指導孩子看書時的注意要點

●廣泛閱讀

書有許多種類。有自古流傳的童話與傳說、外國童話、作家新創作的童話，有傳記、童謠童詩、科學讀物、歷史讀物、百科全書、漫畫書等等。剛開始孩子只會選擇自己愛看的書來看，就像他們會挑食一樣。所以在指導孩子閱讀的時候，必須細心幫孩子著想，讓他們對各種內容的書籍都懷抱興趣。

對於圖書館在住家附近的孩子，建議父母幫他們借回各種圖書。如果能陪孩子一起上圖書館更是最佳選擇。若是不能，至少每星期定期幫他們更換新書，重點在於之前所提的，借書的範圍最好很廣泛。若按照種類別、年齡別去參考各機關推薦的優良圖書目錄，那麼要讓孩子讀到好書並不是困難的事。

●不管採取什麼方式，絕對不強迫

才剛開始認字與注音的孩子，在看圖畫書的時候，絕對不要強迫他們將字唸出來。

當孩子在看畫有蘋果的圖畫書時，媽媽跟孩子常常會有以下的對話。

「媽媽跟你說，這個字是蘋果的『蘋』，知道嗎？『蘋』，『果』，你唸唸看。我剛剛說什麼？『蘋』，『果』。上次學『結果』的時候，有沒有看過這個『果』字呢？來，再唸一遍，『蘋』『果』。」

孩子看到蘋果可能會聯想到蘋果樹，可能會感受到蘋果的滋味，也可能想到關於蘋果的故事。但是看到蘋果就唸「蘋果」，孩子只會聯想到「蘋果」兩個字。原本透過書可以獲得難得的想像力，卻在這一瞬間被破壞了。父母這時應該在一旁看著就好，放任孩子去想像，最多也只要問他「看到這蘋果你會想到什麼？」，好好扮演培養思考力的角色就好。

●不要試圖去確認成果

如果孩子沒辦法專心閱讀，只是假裝讀給爸媽看，其中一定有理由。有可能是該書難度太高，他無法理解，也有可能是內容太過無聊，更或者孩子對這個領域毫無興趣。如果一個月要求孩子看三十冊以上的書，孩子也會假裝看書敷衍了事。特別是小學一、二年級時，有的學校會為了獎勵孩子多看書，用貼紙表示每個學生閱讀的數量，依照貼紙數量多寡，決定孩子能不能得到糖果。這樣一來，孩子就會只著眼於提高看書的數量。這時的糖果所代表的意義是得到老師認同的證據，對這時期的孩子而言十分重要。

如此一來，父母又開始操心了。因為他們看到在短短的時間內，孩子的桌上竟然已經堆了十本書，一問之下他還說已經全部看完了。媽媽當然不會這麼容易就上孩子的當，這時候大部分的父母就會開始確認孩子讀過的內容。

「主角叫什麼名字？」

「他是哪一年生的？」

「這個人為什麼會死？」

但是用這種方法嚴格管束孩子，只會得到反效果。只要孩子跟書夠親近，時機成熟時他就會自己看書，遇到上述的情況，睜一隻眼閉一隻眼反而是聰明的抉擇。

●在家中備齊必要的書

孩子們會希望將他們閱讀時覺得感動或是有趣的書擺放在家中，藉此可以隨時翻閱。另外，寫功課或是報告時，需要查閱資料，圖書館雖是最佳選擇，但是總有不能前往的情況，那時如果家中完全沒有書籍可供查詢作作業，孩子的學習慾望就會一下子跌落谷底。雖然現在也可藉由網路查詢資料，但缺點是查到的可能是支離破碎或錯誤的資料，更沒辦法讓孩子了解查資料的真意，所以最好還是讓孩子習慣從百科全書中查詢資料。

幾年前，我跟一位很會讀書的國中三年級學生的媽媽談過。她的孩子連續三年考試都是全校第一名，讓我非常驚訝，於是我連忙詢問是怎麼做到的，媽媽跟我說，從孩子六歲開始到現在，家裡都一直在還購書的分期付款。真是奇怪，我向她請教如何教孩子讀書，她卻跟我說還分期付款的事？這怎麼回事？

後來我終於搞清楚，這位媽媽如此回答的理由如下。她說送小孩去補習班補一科，一年至少也要三萬塊。於是她就把這筆買書的錢當作送孩子去補習的費用，每個月都花三萬塊分期付款，購買孩子讀書必要的各種輔助教材。孩子一碰到不懂的地方就要他們在書裡自己找出答案，一旦習慣養成後，孩子的成績自然就變得非常好。

只要擅於找資料，很容易就可以成為會讀書的孩子。所以建議父母先買好百科全書、科學書籍、歷史書籍等放在家裡，在孩子有疑問時馬上就可以查到答案，是非常重要的。（關於指導孩子尋找資料的方法，請參考本書第二部第5章的內容）

4 優等生的第一步從閱讀開始

培養閱讀習慣的記錄表

我常常遇到一些孩子，看起書來就茶不思飯不想。如果問他們的父母，怎樣才能培養出這麼愛閱讀的孩子，他們的答案幾乎是一樣的。「其實也沒有特別花心思讓他們閱讀，都是孩子自己說想要看書，後來他們就自己讀得入迷了起來，任何種類的書都會拿來讀一讀。」

聽起來很簡單，但如果更詳細地追問下去，這些人的家中都是孩子必定會喜愛閱讀的環境，只是父母本身沒發現而已。有些孩子有許多表哥表姊，可以隨時借到許多的書來看；有的學爸爸的習慣，上廁所一定要帶本書進去；有些人則是看著哥哥姊姊喜愛閱讀，而自然地與書親近了起來。雖然每個人理由都不同，但一定有類似的原因。如果您的孩子就是這樣，那可以說運氣很好。要是你家的孩子到現在還沒有閱讀習慣，那麼請你為他準備這樣的環境。

剛上小學坐在教室中的孩子們，雖然外表看來一樣的，事實上學習的基礎實力早就各不相同。再過一、兩個學期，他們之間的差距就會逐漸拉開。最能顯現出差距的三樣東西就是聯絡簿、讀書紀錄、日記，一言以蔽之，其實都是某種型態的「寫東西」。然而讀是寫的基礎，一定要會讀才有可能會寫。終歸一句，就是閱讀的份量要足夠，不然孩子對於閱讀跟寫作都會感受到不小的壓力。

在學校，老師要大家在聯絡簿上抄聯絡事項，而且要快，孩子努力把要點抄了下來，回家還要被媽媽嫌棄字寫得不夠工整。即使孩子想要寫閱讀記錄，基於沒看過什麼書，更不知從何下筆。因此他們只好翻個兩頁，隨便寫一寫交差了事。這樣的作法不知不覺中養成了習慣，日子也匆匆過了三年，終於到了必須開始認真讀書的四年級。到了四年級，問題就不在於日記跟閱讀記錄了。重點是一年四次的期中考與期末考都必須花精神，而且又要上補習班學才藝，日子變得很忙碌。這麼忙碌的生活，孩子哪有時間跟精力好好地完成閱讀記錄呢？

然而，閱讀是所有學習的出發點，也是成為優等生的最重要條件。而寫閱讀記錄，是培養閱讀習慣的重要工具。所以小學一年級時，最好能利用以下提及的方式，進行各種讀後活動。如果沒有閱讀基礎，那麼希望不論孩子的年齡，都要按部就班地從第一階段開始做起。

第一階段　只記錄書名

不論任何事，一開始一定要簡單。最好讓孩子在閱讀過後，面對閱讀記錄也能覺得沒有負擔而願意寫下紀錄。如果只是寫書名的話，就真的很簡單。

2018.1.2

①淘氣鬼皮皮

②小魚兒

③李舜臣

像這樣，剛開始只作簡單的記錄，相信孩子很快就能上手。

第二階段　記錄書名和簡單的讀後感

編號	日期	書名	作者	作者的國家	感想
1	2018.1.2	淘氣鬼皮皮	蔡周賢	韓國	皮皮的爸爸好勇敢
2	2018.1.3	公主與破衣服	藤田櫻	日本	公主很有智慧
3	2018.1.4	螞蟻與紡織娘	伊索	希臘	螞蟻很勤勞
4	2018.1.4	布雷曼樂隊	格林兄弟	德國	我也想加入樂隊演奏樂器
5	2018.1.5	醜小鴨	安徒生	丹麥	別的鴨子說牠很醜，牠好可憐

在製作這種閱讀記錄表的時候，如果孩子還是幼稚園或者小學低年級的學生，應該用空白筆記本或素描簿，將格子畫大以便於孩子肌肉不發達的小手書寫。為了讓孩子可以從閱讀跟寫閱讀記錄得到成就感，每突破三十本或五十本時給予獎品鼓勵，也是不錯的方式。持續這樣做，通常超過兩百本之後，就算不再有獎品，孩子也會愛上閱讀，並且對他們而言，寫閱讀記錄將變得輕而易舉。在感想那一欄，只要不是拿書中內容亂抄亂填，不管寫的是對於哪個部分的感想，都要給予稱讚，讓孩子從此擁有自信。

第三階段　和孩子討論書的有趣部分

請記住，第二階段的感想寫多了，並不代表就能把整本書的綱要寫出來。但是如果一開始就要求孩子整理內容綱要，他們會感到沉重的負擔，如果孩子的負擔太沉重，就很難期待有學習效果。反而是讓孩子將整本書看完之後，挑覺得最有趣的部分這樣跟孩子聊聊：

媽媽：你很喜歡看書，對不對？現在在看哪一本書？
慈英：在看《大野狼與七隻小羊》。很有趣喔！
媽媽：是嗎？你覺得最有趣的是哪裡？
慈英：這裡。
媽媽：喔！是大野狼啊。大野狼現在在做什麼呢？
慈英：牠為了吃掉小羊，所以在吃粉筆。
媽媽：粉筆？為什麼要吃粉筆呢？
慈英：因為牠希望自己的講話聲變成羊媽媽的聲音。
媽媽：為什麼狼要發出羊媽媽的聲音？
慈英：這樣小羊才會以為牠是媽媽，才會幫牠開門。

慈英看了《大野狼與七隻小羊》這本故事書後，只跟媽媽聊到有趣的一頁而已。之後她們就一起進行了以下的讀後記錄活動。

2018.1.3

書名：大野狼與七隻小羊

內容：大野狼為了吃掉七隻小羊，所以吃吃粉筆。牠希望吃完粉筆可以發出羊媽媽的聲音，讓小羊幫牠開門。小羊們真是可憐。

其他讀過的書：①厲害的杜洛
②萊特兄弟
③小鱉兒
④蒲公英

孩子們對於寫東西會感到有負擔。如果要他們寫出讀後感，很多小孩會花不少時間拿書翻來翻去。如果碰到這樣的情形，就問他們覺得書中最有趣的部分。然後跟他們聊一聊，最後只要叫他們將剛才的對話內容寫出來就可以了。此外，如果有讀過其他的書，也請孩子記錄下來。這樣一來，他們在讀完書之後，心中會充滿感動，閱讀的慾望會增強。依據孩子能

力不同，一開始閱讀記錄不需要寫滿一整頁，之後可以漸漸增加份量，並再整理大意。

第四階段　整理全書大意

剛開始只要孩子寫下書名，之後簡單地寫下感覺，再來只要對書中的某一部分進行說明，如果以上三個階段都很紮實，那麼之後要孩子整理出全部的內容大意，應該也並非難事。如果孩子抱怨太難，就要回到前一個階段充分練習。整理出書的整體內容，在讀後活動來說是非常重要的。因為這與日記有些差別。日記是整理出自己的想法，但閱讀記錄需要掌握他人的想法，必須揣測作者的意圖才行。要完成閱讀記錄，首先要能掌握全書的內容，才有可能知道作者的意圖，了解作者的意圖才有辦法對該書進行評論。

要孩子整理出書的整體內容，最有幫助的方法是，讓他寫出介紹一本書的文章給同學看。如果要介紹某一本書，首先就必須對這本書有所了解，這是不變的道理，如果能常進行這樣的練習，就一定能適當地表達出全書的內容。

蝸蟻與紡織娘

民錫你好。我是東俊！
我看了一本書，實在很有趣，所以介紹給你。
書名是《螞蟻與紡織娘》。
這本書大概的意思是，在酷熱的夏天，紡織娘整天拉著小提琴玩樂，而螞蟻則是在努力地搬運糧食。
所以螞蟻的倉庫裡面儲存了好多好多糧食。
紡織娘看了，就嘲笑螞蟻們說，
這麼好的天氣，為什麼還要工作呢？
後來冬天到了。

螞蟻們在溫暖的家中吃著豐富的糧食，但是紡織娘卻沒有吃的東西，所以餓著肚子。螞蟻覺得紡織娘很可憐，就分牠一些東西吃。

怎麼樣呢？是不是很有趣？你也一定要看這一篇故事喔。

第五階段　尋找書中的中心思想

如果孩子已經可以輕鬆整理一本書的大意時，接下來，想要寫出書的主旨應該不會太難了。對於要看出故事的中心思想的方法，我們建議可以要孩子試著寫信給書中的主角，這也是寫閱讀記錄活動中，孩子們最感興趣的部分。孩子在閱讀時，會充分融入書中主角的心情，所以對主角的好奇心與關心會非常高。如果要他們寫信給書中的主角，他們一定會好好整理出頭緒，也能自然地表露出自己的感覺與想法。

孩子們通常會很想知道書中主角的許多事情，所以信中常常充滿了對主角的疑問。在詢問主角的過程中，他們常常自己就能體會書中所要表達的意義。

你好！醜小鴨。
其他鴨子是不是都覺得你很醜，所以把你趕走？
對了！我先自我介紹一下，我叫金智慧。
被那麼多鴨子趕的時候，你心情如何呢？
跟天鵝們聊天的時候感覺又是怎麼樣呢？
野鼠媽媽給你東西吃的時候，你有什麼感覺呢？
就算別的鴨子嫌你醜要趕你走，也請你不要傷心喔！
因為其實你是隻天鵝呀！
再見囉！

第六階段　對書本進行評論

閱讀之後，如果能夠了解內容又掌握主旨，接下來要做的就是對書籍做評論。具體的方法，是要孩子們站在主角的立場寫出文章。在第五階段中，孩子對主角的提問，其實心中早已自有一套答案。如果把自己當成主角來寫文章，其中將會出現許多超乎想像的妙點子，會令人大為驚艷喔！

即使閱讀同一本書，通常也會因為個人具備的知識、經驗與觀點不同，而有不同的解讀。所以在寫閱讀記錄時，除了寫出自己的感想，了解其他人的想法也很重要。這樣他們才會發現不同於自己發想的東西，從而獲得新的啟發，並且能夠理解他人的想法以擴大視野。若能跟朋友們聊聊，也能練習邏輯思考與表達，可說是一舉多得。因此我們強烈建議孩子多閱讀，並且在閱讀之後多跟同學們進行討論。

對於平常不太表達想法的孩子們而言，要他們與他人進行討論，是一件相當不容易的事。就算讀過很多書，對自己想法已有了解的孩子，也一樣會裹足不前。這是因為他們對於在眾人面前說話，感到不好意思而缺乏自信。這時就可以讓大家拿著第六階段寫的內容輪流上台發表。這樣一來，漸漸地孩子就會習慣開口。在進行討論的時候，主持人要提出各種意見來引導討論的進行。最後孩子們就會興奮地熱中於討論。如果將這些討論的內容整理在筆記當中，就可以寫出非常棒的讀後感。以下的內容就是小學五年級的孩子們將討論的內容整理出來，並整合自己的意見後所寫成。

彙整書本討論結果的範例

書名：螞蟻與紡織娘
記錄者：鄭多熙
記錄日期：2018 年 4 月 22 日

記錄日期：2018 年 4 月 22 日
討論主題
螞蟻將食物分給不做事的紡織娘，是對的嗎？

討論內容

金真赫：是不對的。因為要讓紡織娘自己振作起來才對。佛經有說不工作的人就不可以吃東西。不給他東西吃，他才會體認到「我要工作才能夠養活自己」。

鄭多熙：是對的。因為如果螞蟻不給紡織娘吃的東西，紡織娘有可能餓死。

白周賢：是不對的。紡織娘也要盡到自己工作的責任。既然他有音樂的天份，就應該成為冬天也能工作的歌手。

鄭荷俊：是對的。因為這樣紡織娘就太可憐了。

崔大旭：是不對的。因為螞蟻在辛苦工作的時候，紡織娘在玩，要受到應有的處罰。

我的綜合意見

因為紡織娘沒有努力工作，如果螞蟻不給他食物吃的話，紡織娘就會死掉。拯救生命是最重要的。

如果不給紡織娘食物而讓他就這樣死掉的話，他也不會有改過的機會。給他食物，讓他想通儲存食物是正確的，之後他就會努力工作了。

如果因為紡織娘犯的這一次錯，就懲罰牠不給牠食物，我覺得螞蟻不應該這樣。

我有發生過一次類似的事情。有一天，白周賢為了坐公車回家，跟我借五塊錢。我因為沒有錢，沒辦法借他，所以他就只好走路回家了。我是因為真的沒有錢才沒給他，如果螞蟻明明有食物還不給，那就太奇怪了，那是不對的。所以我認為給紡織娘食物才是對的。

第七階段　用各種不同形式寫寫看

如果讀完書後，能夠整理內容概要，了解作者的中心思想，也能充分表達自己的感受與想法，下一個階段要做的就是盡情發揮創意了。要為孩子說明將各種形式的文章體，並指導他們嘗試用各種形式寫寫看。

①寫出跟書中內容相似的經驗
②將書中內容與自己的情形對照重寫
③將書中有趣的部分用圖畫表現
④將書的內容以漫畫表現
⑤用詩表達
⑥用書名作三行詩
⑦模仿書中的插圖畫畫看
⑧將書的內容做成機智問答
⑨想像故事的續集並寫下來
⑩畫出書中的畫，並加上對話框

如果孩子不喜歡寫讀後感，或覺得十分困難，可以利用充滿插圖與照片畫的低年級用科學書籍。看童話書，要掌握故事整體脈絡，也要理解全文才能寫出文章，而科學書只要看其中的圖跟說明，很容易就能寫出東西來。以下的文章幾乎只是拿科學書的說明抄一抄，但也算是很不錯的讀後感了。若能常寫這類科學圖書的讀後感，科學知識會快速累積，對於筆記的整理和學校作業會很有幫助。

> 題目：紋白蝶　　閱讀日期○○年○月○日
>
> 紋白蝶的卵會在兩三天就會變成幼蟲。幼蟲的顏色一開始是黃色。隨著幼蟲成長，漸漸會變成黃綠色。幼蟲變成紋白蝶之後，會長出巨大的眼睛，眼睛是由許多單眼所組成的複眼。蝴蝶的翅膀上有很多鱗粉覆蓋著，不會被水沾濕。我最新知道的一件事，是這種蝴蝶會變成蛹過冬。

對於拙於整理概要的孩子來說，利用心智圖（mind map）可能會讓他們寫起來比較輕鬆。可以請孩子畫出心智圖，再轉換成文章，有助整理全書重點。

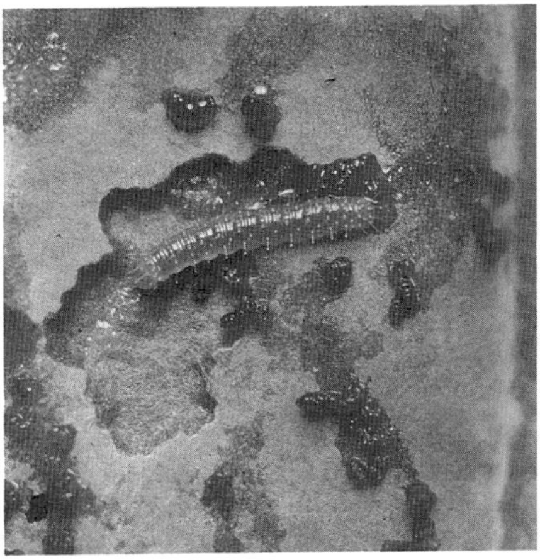

▲正在吃高麗菜的幼蟲
剛出生的幼蟲是黃色的。奮力啃食著高麗菜。吃綠色葉子成長的幼蟲，吃身體會漸漸變成綠色。

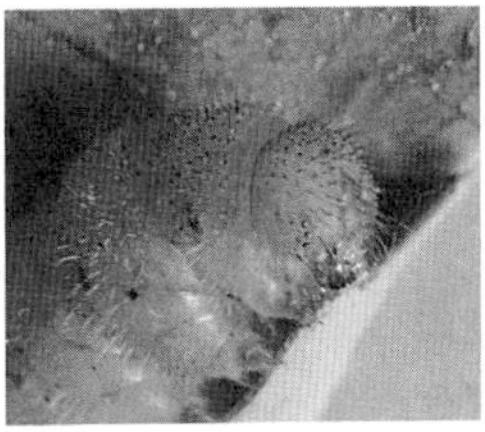

▲啃食葉子的幼蟲
幼蟲用它頭下方巨大的下巴撕碎葉子吃著。

剛生出來的幼蟲是黃色的。它用小小的下巴啃食葉子而成長。隨著幼蟲成長，它身體的顏色也有所變化。幼蟲一旦身體變大就會脫皮，並且會長成脫皮前的十倍大。

三隻小豬的心智圖

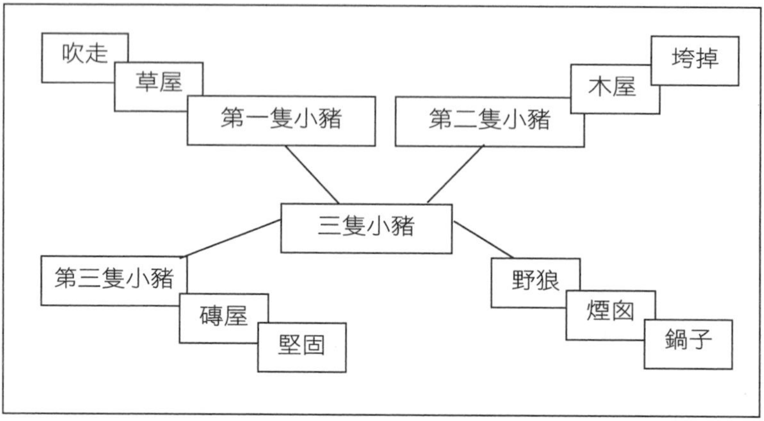

書名　三隻小豬　　閱讀日期　○○年○月○日

從前從前有三隻小豬。

第一隻小豬用茅草蓋房子，第二隻用木頭蓋房子，第三隻用磚頭蓋房子。大野狼肚子餓，到第一隻小豬的家，用力吹一口氣，茅草屋就被吹跑了。第一隻小豬連忙逃到第二隻小豬用木頭蓋成房子裡，但是大野狼還是把木屋破壞了。兩隻小豬逃到第三隻小豬蓋的堅固的磚頭屋裡，因為屋子太堅固了，大野狼進不去。牠只好從煙囪進去，剛好掉到燒著熱水的鍋子裡被燙死了。三隻小豬從此過著幸福的生活。

對於不太會寫詩的孩子，我們可以用下面的方法試試看。例如請他閱讀關於大海的書籍，並要他把想到的事都寫下來。然後把寫下的句子組合起來就行了。

孩子對於大海的描述

海浪，起起伏伏，暢快，玩水，太陽，燦爛

起起伏伏的海浪啊，請把信傳給我朋友

燦爛的太陽啊，請把心傳給我爺爺

用詩來表達的範例

題目：海邊

海浪起伏的海邊
我心也變得暢快
玩水玩得嘩啦啦
大海與我成為好朋友
我的心一直在海邊

就這樣，將想到的所有詞彙與句子連結起來，就可以成為一首不錯的詩了。

指導孩子閱讀的注意事項

●重要的是堅持到底

做了一、兩次之後，父母就以「太難了，不適合我家的孩子」為理由放棄，這樣得不到成果。不論多麼困難，請都要堅持下去，才會有成果出現。

所以，父母的角色將比孩子的態度更重要。如果老是想著「我家孩子程度不夠」，那麼結果真的會做不到。但若堅信孩子一定能辦到，孩子就會開始改變。能讓孩子未來發光發熱的，不是父母的慾望，而是熱情；不是父母的焦急，而是耐心。

●在進入下一階段時要慎重

即使用相同的書，同時間開始指導不同的孩子，幾個月之後還是會有個別差異。如果因為父母的慾望，在孩子的能力還達不到下個階段時，就強迫孩子升級，結果將導致無法預料的問題。就閱讀這件事來說，書本並沒有難易度問題。小孩可讀困難的科學書，而大人也可看小孩的童話。只是為了有創意地帶領閱讀後的活動，採取方便的閱讀記錄方式進行指導。

如果現在進行的階段太過簡單，孩子會覺得枯燥，那麼進入下一階段就很適合。不要強迫和其他孩子的進度比較，只要堅持下去，最後一定會讓孩子喜愛閱讀與寫作。

由於只靠筆試很難辨別優秀的學生，很多大學正提高論文與面試在入學方式中所佔的比重。有些專家指出，論說文甚至會在未來大學考試成為決定性的關鍵要素，面對這種趨勢，最好的方式就是讓孩子多讀多寫。論說文的核心就是正確理解他人的文章，然後有說服力地表達出自己的意見。這件事要做得好，必須有豐富的閱讀體驗作為基礎。

高中老師建議：「論說文要寫得好，掌握文章主旨的能力最為重要。為達此目的，多閱讀經典文章是先決的條件。」

如果從小學就養成閱讀寫作的習慣，理解力、思考力與表達力自然就可以培養起來，不只能夠增進寫論說文的能力，連其他科目的能力都會大幅增強。寫文章不只是種技巧，而是對事物有廣泛理解並啟動深刻思考的高度智慧過程。技巧最後再花點時間學就可以了。現在這個階段，重要的就是多讀、多想、多寫。

5 培養孩子自主學習的能力

如果孩子能自動自發寫作業，父母當然就會放心，然而孩子如果整天都在外玩耍到很晚才回家寫作業，那麼父母也不得不擔心。有時孩子找不到適當的資料，也不知道查詢方法，瞌睡蟲又拼命湧來，實在毫無對策的時候，就只能找父母求助。但父母遇到這樣的情況也是會心煩。四年級開始，狀況變得跟低年級時很不一樣，功課的份量增多，不是翻開字典抄一抄就能解決的。孩子功課寫得疲累不堪，媽媽只好替他上陣。甚至有的媽媽會抱怨：「這功課到底是出給孩子寫的，還是出給媽媽寫的？」

這樣的煩惱到底要如何解決呢？

練習找資料從寫功課開始

孩子放學回來之後，首先要引導他們先做作業。如果不得已，補習完回家才能寫作業，如果是要查資料的報告，至少要養成習慣在白天就將作業報告必須用到的資料找齊。到了晚上才發現找不到寫作業要用的資料，事情會比較麻煩。找資料的時候，剛開始父母可幫忙。以媽媽是上班族為例：

秀智：（打電話給在公司的媽媽）媽！今天的功課是「對動物適應環境的調查」，回家的時候可不可以幫我到圖書館去借些資料回來？

媽媽：嗯！你必須要用到的話，我會去借。

秀智：謝謝媽媽！對了，能不能也幫我借有趣的故事書？

媽媽：知道了。我們家秀智真棒。

資料必須是孩子自己可以整理的狀態。可以去圖書館查百科全書，或上網查詢。如果孩子查不到，媽媽幫忙找到的資料，還是要讓孩子自己整理。如果能夠找到豐富的資料，寫起作業來也會更有趣。

父母只能給方向，功課要孩子自己寫

玉不琢不成器。就算寫作業需要的資料堆積如山，但若沒有分析、整理、編輯的能力，也無法發揮資料的最大價值。如果父母直接指導孩子功課的做法，每一件事都要給意見，那只會把孩子教得更依賴，所以請記住，就算你非常擔心，也只要告訴孩子大方向就好。要抓大方向的時候，可以跟孩子用以下的方式談談：

秀智：我不知道這個作業要怎麼寫？

媽媽：是嗎？那老師為什麼會出這樣的作業？

秀智：我們在上自然課的時候，講到有關適應環境的內容，老師說上課時間不可能講得很仔細，要我們先調查動物對於環境的適應狀況。

媽媽：那我們先來看看這一章的學習目標。

秀智：（翻查課本）這裡有寫學習目標，就是動物的身體會依照環境而變化，學生要學習到各種動物是怎麼樣適應環境的。

媽媽：秀智真是聰明。以後也許可以成為生物博士喔！所以我們去看看百科全書裡有沒有一些身體跟著環境變化的動物。

秀智：媽媽，我有好多功課喔，可不可以幫我一下？

媽媽：啊！我當然會幫你。我可以幫你把圖剪下來貼上去，不過需要哪些圖、怎麼剪，你要告訴我。你還真像個動物學家喔！

無論孩子如何耍賴說他不會做，也千萬記得絕不能幫他寫作業。父母只能在一旁扮演輔助的角色，就算做出來的東西看來實在不夠好，也不要吝於稱讚。

如果低年級的時候，對孩子寫作業這件事能夠多給予關心，多幫他找資料並給予稱讚，到高年級的時候，孩子就會有令人眼睛為之一亮的表現。學校的學習模式，一般都是老師教，學生學。但是家中的學習模式，應該是透過寫作業找出孩子不懂的部分，然後帶著孩子思考，試著找出解答，這跟在學校的學習是完全不同的。所以我覺得有必要仔細教導孩子關於寫作業的正確方法。就像孩子剛學騎腳踏車的時候，爸媽要在一旁觀看教導一樣。

寫功課與找資料，讓孩子培養自主學習能力

允誠的作業是要找到與昆蟲相關的資料帶去學校。但是他找到一大堆散亂的資料，要帶到學校去真麻煩。所以他把資料剪貼，附上必要的說明，整理得宜後帶去學校。其他同學們都是隨便找了一本跟昆蟲有關的書帶到學校。

關於動物適應環境的作業範例

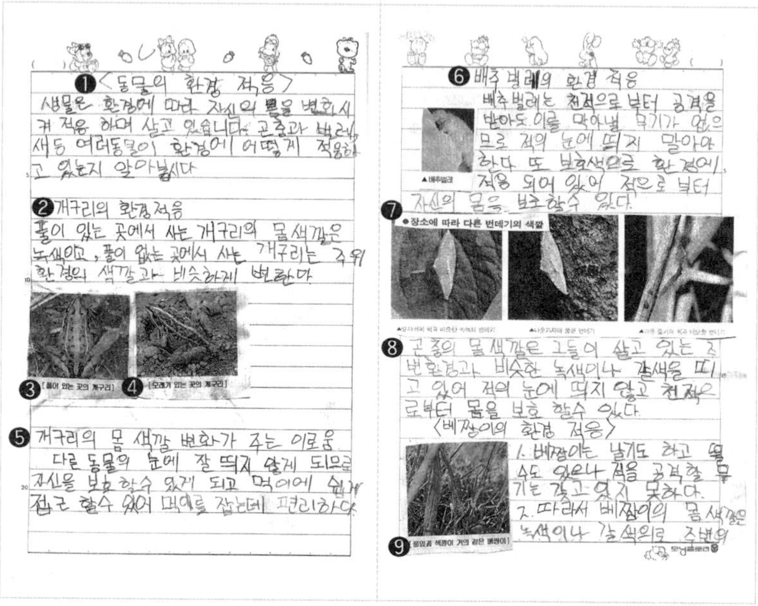

❶ <動物的環境適應>
生物會因應環境而改變自己的身體存活下去。讓我們來調查看看關於昆蟲與鳥類等動物對於環境適應的情況。

❷ 青蛙的環境適應
生活在草地上的青蛙的體色為綠色，而生活於沒有草叢環境的青蛙體色則會隨著周遭環境而改變。

❸（草地上的青蛙）

❹（沙地上的青蛙）

❺ 青蛙變化體色的優點是保護自己於不容易被其他動物發現，而且也容易讓牠靠近獵物以便捕抓。

❻ 紋白蝶幼蟲的環境適應
紋白蝶幼蟲沒有抵抗天敵的武器，所以非得要不吸引天敵才行。而且保護色可以適應環境，讓幼蟲可以保護自己。

❼ 因環境而改變體色。

❽ 昆蟲的體色為與生存環境相似的綠色與咖啡色，因此不吸引天敵的注意就能保護自己。
<蝗蟲的環境適應>
1.蝗蟲能飛能跳卻沒有
2.所以，蝗蟲的體色為綠色或是咖啡色而周圍的⋯⋯

❾ 與草叢的顏色近乎相似的蝗蟲。

花園裡的生物

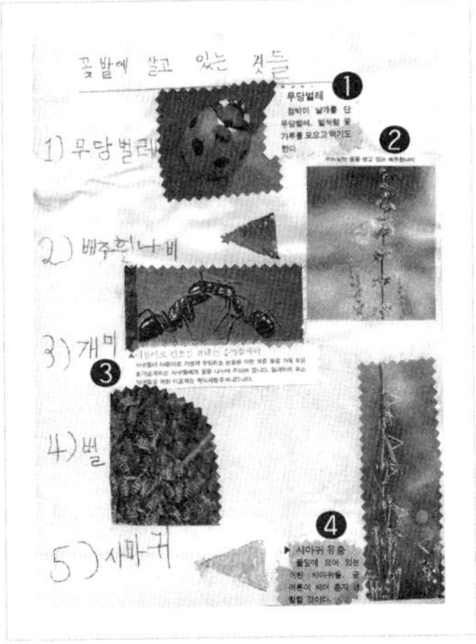

1）瓢蟲

❶瓢蟲

擁有小圓點的瓢蟲。它們像蜜蜂一樣收集花粉當做食物。

2）紋白蝶

❷正在喝花蜜的紋白蝶

3）螞蟻

❸用觸角送訊號的大紅螞蟻

只要螞蟻家族送出信號，它們就會把胃裡的花蜜分給其他螞蟻。公蟻的胃是儲存全族螞蟻的「移動儲藏室」。

4）蜜蜂

5）螳螂

❹螳螂的幼蟲

允誠把作業交給老師檢查，沒想到老師把他的作業拿給全班看並且大大稱讚了一番。允誠的作業在那個學期一直被貼在教室的佈告欄。從那天起，允誠就成了「最會寫作業的同學」。因為這件事情產生信心的允誠，後來上課都很專心，簡直是完全變了一個人。

允誠能夠將作業做得這麼好，秘訣就在於報紙。允誠有一個習慣，就是把報紙的圖片剪下來，夾到家裡的百科全書裡。也不限定是報紙，他也會把以前的參考書、雜誌裡可以當作資料的圖片或照片剪下來，夾到百科全書相關的頁面裡，只要作業需要就可以隨時拿出來使用，如此一來一份特別的報告就輕鬆產生了。

其實小學很重要的作業，就是尋找資

料並加以整理。所以會找資料、會整理，就成了做好作業的關鍵。作業的目標是培養孩子解決問題的能力，所以尋找資料也是其中的重點。如果自己有能力查資料，也就等於有了自主學習的能力，知識也會累積得越快。

父母都希望孩子能夠主動學習，這與尋找資料的能力有密切的關係。只要小時候養成尋找資料的習慣，就能在找資料時感受到樂趣，這樣的孩子自然就能主動學習。

如果仔細看小學課本，你就能發現課本的構造是前面有簡單的概要，之後就是圖畫或照片。在圖案或照片的旁邊，會出現一些簡單的問題，與要學習的課題。例如對某項主題進行研究，談談某樣東西，找出某樣東西等等。但是很多孩子對於這些課本上的問題，都只會寫上簡單的答案就算了事。這樣的孩子跟會去找出與該單元相關資料的孩子，到了高年級之後就會有很大的差別。這種差距一旦拉開，要追趕將會非常吃力。因為知識的差距通常不在數量，而是在深度。如果寫了作業，找了資料，還會發現除了課本上寫的內容之外，還有許多背景知識。這些背景知識能夠幫助孩子到高年級碰到更深入的內容時更輕易理解，使得學習變得十分容易。

資料要去哪裡找？

要找到跟學校課程相符的資料，其實也沒有那麼簡單。最近輔助教材充斥，網路上的各種資訊如洪水般氾濫，要找到適合孩子的資料還是會碰到困難。到底要去哪裡找資料呢？讓我們來探討一下方法。

●徹底讀透課本

想要成功找到資料，首先要知道自己要的是什麼資料，所以最重要的就是精讀課本。課本裡出現的圖案與問題都要仔細看過，然後清楚知道每個單元必須要學會的內容，再思考要收集整理資料範圍。

【實踐事項】

●在筆記中簡單寫下要收集的資料範圍。

●利用家附近的圖書館

圖書館中準備了許多按科目分類的輔助教材。但並不是說進到圖書館，就能馬上找到符合的資料。如果是剛開始練習找資料，那可能要花不少時間才會找到。然而一旦經驗累積，找起來將會得心應手，時間也會逐漸縮短。如此一來，找了幾個月下來，找遍圖書館各處之後就會很清楚各項資料的正確位置了。

【實踐事項】

●尋找各科目必要的書籍，借出或複印必要的份量。
●即使沒有立即需要，若是今後要用到的資料，則可以先記下書名與出版社。
●寫下借出的書目，可以作為日後參考之用。

●利用書店

辭典與參考類書籍，真的有需要可以到書店去買。買的時候要注意：出版社不是重點，重點在於符合孩子目前的程度。每個星期可以去一次書店，留意是否有新的輔助教材出現。如果常逛書店，應該很快就能掌握學校教育的潮流與方向。

【實踐事項】
●看到新出刊的輔助教材，可以先不購買，只要將書名、出版社、分類紀錄下來即可。

●利用雜誌

現在小學生能看的雜誌種類也不少，特別是科學雜誌上面的照片與圖畫資料非常豐富，可說是最棒的學習資料。

我的大兒子昌赫在四年級時，正好學習到與地層、化石相關課程。他在收集相關資料的時候，突然覺得發現課本上的某一張圖有似曾相識的感覺，然後就真的找到刊登同一張照片的科學雜誌，並收藏起來。但是，這份雜誌真正派上用場，是在三年後他升上國一的時候。國一的自然科學課程中學到岩石，有點難度。在小學的時候，他只學過沉積岩、花崗岩、玄武岩等等，現在這些岩石要按照色澤與硬度細細分類，包括石英、黑曜石、正長石、雲母、滑石、金剛石等等，讓他很傷腦筋。他找了好幾種輔助教材，但是那些岩石的專業用語實在太難記憶。最後他想到的，就是那份四年級時的科學雜誌，書裡對於各種岩石都有詳盡的圖片，並且解說得非常詳細易懂。

【實踐事項】

●按照各領域將雜誌分類，讓資料容易找到

●拍照並進行運用

如果在書籍或雜誌上都找不到需要的資料，也可以直接拍照存檔。我的大兒子昌赫在小學一年級學習「各種的房屋」單元時，曾經直接用相機把韓國傳統式房屋拍下來存檔。首先我們到韓國民俗村將韓屋的外觀照下來，之後在學習雜誌上看到韓屋內部模樣，也剪下來貼在一起。並要他在旁邊寫下韓屋的特徵與優點，當做報告交作業。學到「在家中跟我們生活的動物」單元時，昌赫也直接拍了照片，並自己整理好。就這樣做出獨一無二的資料。

●運用報紙

報紙上刊有許多照片、圖片與圖表。可能現在看來不重要的東西，收集一段時間之後，也會成為非常珍貴的資料。將報上登的圖片剪下，夾在百科全書的相關頁面，之後就可以當作很棒的學習資料來運用。

【實踐事項】

●從報紙上剪下各種照片或圖片，按照百科全書的各領域夾進去。

●也可以按照不同新聞主題分類成冊。

●運用觀光導覽手冊

旅行的時候，常常可以拿到觀光導覽、地圖或手冊，收集起來也能成為很好運用的資料。這些資料中常會詳細列出當地的地形、特產、地名由來、著名的遺跡等，當遇到調查各地風土民情的作業時，將能發揮很大的作用。

昌赫四年前有一份作業要他研究洛東江，所以他就跑了一趟安東市，收集當地的各種觀光導覽圖。三年後當他國中時，社會科能力評鑑要求學生們選擇自己喜愛的地點，製作一份觀光導覽手冊。這時當初收集的資料幫上很大的忙，使得他的這份作業獲得滿分。

學校的作業一定要認真做。而且要孩子自己來做。不管是學習或是作業，沒有人是天生就做得很好的。通常都要透過努力產生自信，一旦有了自信並且變成習慣，就會變成堅強的實力。作業的目的在培養孩子解決問題的能力，是很棒的學習方法。好好利用做作業的過程，可以為孩子留下寶貴的資產。如果所有問題都由父母代為解決，這樣的孩子極有可能在長大後，仍舊依賴父母。自己能負責積極解決問題的孩子才是最有潛能的孩子。解決問題的能力能成為孩子的基礎實力，也是讓孩子升上國、高中之後，不需要補習班或家教的幫助，就能把書讀得很好的基礎。懂得尋找資料並且養成習慣的孩子，可以說是已經拿到了成功的鑰匙。

6 整理筆記的重點

整理筆記的技術

因為電腦普及，導致孩子越來越不喜歡動手書寫文章，也覺得整理筆記很煩人。然而筆記的整理跟考試的成績有很緊密的關係。學校的期中與期末考試，通常是由某一科目負責的老師出題，其中大部分的問題都會從老師曾經講述過的內容中出題。

如果將尋找資料比喻為尋找寶物，那麼整理筆記本就像是將寶物整理好放進藏寶箱一樣。透過整理筆記本的習慣，孩子可以學會整理資料的方法，而整理筆記就像整理腦中的知識一樣重要。未經過整理的資料，要用時不可能馬上找得到，如果沒有養成整理資料的習慣，那麼孩子將會漏掉許多寶貴的東西。

●將老師授課內容整理成筆記

上課中老師要大家畫底線標註起來的重點部份，一定要寫到筆記本上。如果能將這些重點收集起來，還會有比筆記更好的參考資料嗎？有些孩子甚至會將老師說的笑話也一併記下來，重讀的時候就會印象深刻。有時學校會因為運動會、校外教學、各種比賽等延誤教學進度。當老師為了追趕進度，加快上課速度時，做筆記的習慣將可以幫助孩子快速進入狀況。雖然趕課的老師們已經將教材的重點內容做了提示，或許來不及多做說明，導致看筆記的內容仍舊覺得困難。不過沒關係，只要拿著筆記去查詢教科書或參考書上的詳細說明，再整理到筆記上去，只要在考前拿出來複習就能輕鬆應付了。

●整理學習目標

令人出乎意料的是很多孩子不懂得整理學習目標的重要性。沒有經過整理的學習目標，就像搭上目的地不明的火車一樣。請記住不論是哪一門科目，在教科書的各單元前都一定會有學習目標，這些內容千萬要整理到筆記上。

剛開始的時候，只要看過一遍學習目標，就可以充分理解教科書的內容。最後要將學習目標跟能與其呼應的重要資料一起整理到筆記本中。在整理重要資料時，不要直接抄教科書或參考書上的內容，而是要用自己理解後的文字敘述寫上。如果只是抄參考書的內容，就會變成不了解真正的意思，最後就只能死記硬背，直接抄下來雖然簡單，但經過整理後用自己的意思寫下來的資料，才是充分理解的資料。

●用自己的方法進行整理

有些孩子會用超細小的字體將筆記本填得密密麻麻，一點空白也不留。這樣一來，如果在考前要用這種筆記準備考試，一定會讓他們感到卻步。

筆記本必須要將老師上課講解的內容以及教科書的重點內容摘要出來，整理成適合準備考試的專用格式。重點是一目了然，可以用各色的原子筆寫標題，做成一眼就能找到目標的格式。標題跟說明述敘寫完後，要換到下一個題目時，最好空個一、兩行，以便搜尋。

每一頁筆記不需要都填滿，內容大約佔八成即可，記得留一些空白，這樣比較方便找資料。多利用空白畫出與筆記相關的漂亮插畫，孩子自己也會非常喜歡這個筆記本。

記錄解題錯誤的筆記

筆記整理完成之後，下一個階段就要對筆記內容的理解度作確認測驗。測試的方法就是解題。經常有一種情況發生，就是明明筆記整理得很好，自我測試時一看到問題，就被選擇題的答案困惑。孩子情急之下只好隨便寫一個答案，結果就錯了。在這種情形下，答錯反而應該感謝才是。因為練習的時候答錯，等於提供了實際考試時答對的機會。當然這樣的結果取決於孩子能否清楚知道自己犯錯。只要釐清理解不確實的部份，就不會再犯第二次錯誤了。

因此，錯誤的部分一定要再次確認整理，才能繼續進行下一步。如果有第一次寫錯的問題，還會再次寫錯的話，那就是因為沒有將寫錯的筆記部分重新檢視一遍所致。

●整理筆記的方法範例

問題一　以下對於正立方體與長方體的說明何者錯誤？

①長方體總共有六面。

②正立方體總共有八個頂點。

數學解題錯誤的筆記

對正立方體與長方體的說明

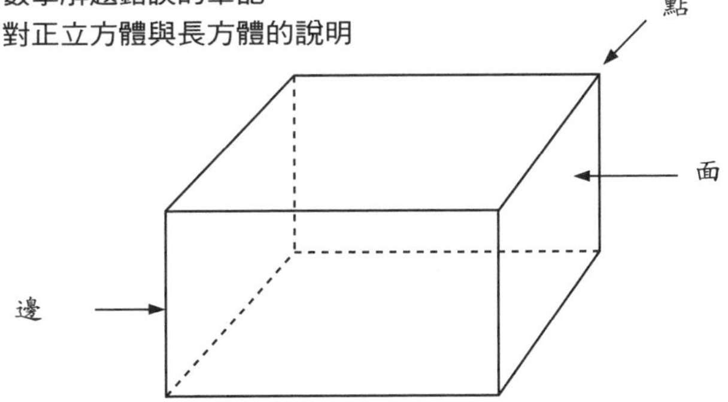

・長方體面的個數——6 個
・長方體頂點的個數——8 個
・長方體邊的個數——12 個
・長方體相對兩面的形狀與大小相同
・正立方體每個面的形狀與大小相同

③長方體總共有十六個邊。
④長方體相對的兩面大小相同
⑤正立方體每一面的大小與形狀都相同。

以上問題是要找出錯誤的敘述。這一題的正確答案是③，但學生選擇了錯誤的②，表示並沒有正確了解邊與頂點的概念。

如同上例，將檢驗時寫錯的題目先寫上去，如果有與問題相關的圖也畫上去。然後將正確的選項寫上去，再將錯誤的部分更正。這樣一來，孩子就能正確理解正立方體與長方體的面數、邊數與頂點數，之後就算選項有所改變，只要出的是類似的問題，孩子就不會犯錯。

找出整理錯誤的筆記部分，是為了透過問題理解正確概念，以防止以後碰到類似的問題再犯錯。不只是答錯的問題，對於原本不知道答案猜對的問題，也一定要進行同樣的整理。

計算紙也要整理與保管

練習本或是計算紙，如同字面意思只不過是用來計算與塗鴉的紙罷了。不過，看來無用的廢紙，如果能再次利用，就像資源回收一樣，可以再次發揮價值。

使用練習本次數最多的要算是需要解題的數學了。而且用過的計算紙不能再次使用，只能當作廢紙。但是如果可以像下圖一樣，將紙分成六格或八格，在每一格中只寫一個計算過

未經分格的計算紙　　有分格的計算紙

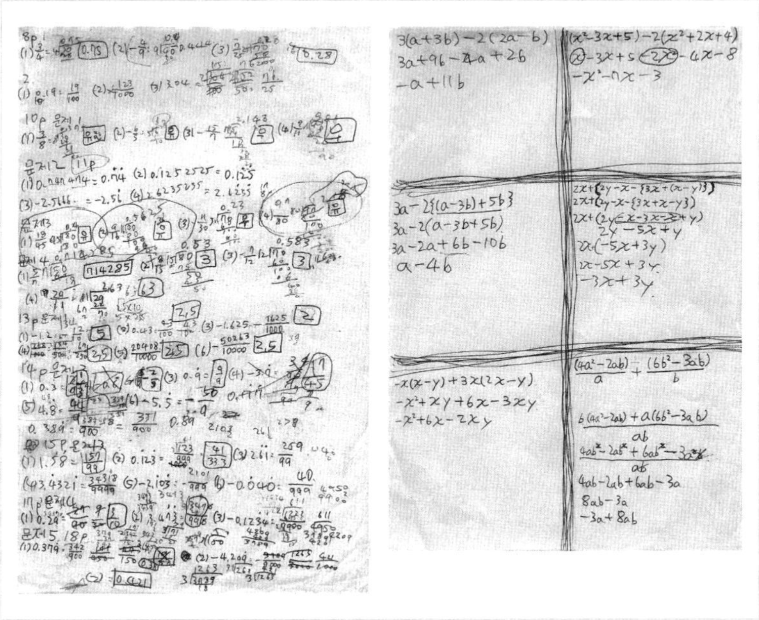

程，可以有很多用處。

第一，如果計算過程有誤，可以很清楚地找到是哪裡錯誤。有時孩子已經了解概念，卻還是可能因為一時的疏忽而算錯，此時，這種分格方式能夠讓人很輕鬆地找出錯誤之處。

其次，在抄寫答案到作業本上時不容易抄錯。有時候答案對了，卻因為計算紙上寫得亂七八糟，所以有可能會抄錯。

第三，想快速碰到從前寫過類似的問題時，找到前面寫過的解答，將計算紙分格是最快的方法。

這種分格的計算紙，從小學一年級就可開始養成孩子細心整理收藏的習慣，也可以作為可信賴的參考，能立刻發現孩子不足的部分，加以補強。

製作專屬的詞彙集

閱讀量不夠的孩子，在理解詞彙以及概念將會遇到困難。碰到申論題或者數學的應用題，也會感覺特別難。近來的教科書與出題走向都朝向多樣化發展。所謂思考就是活用豐富語彙的能力，所以對於孩子而言，對語彙及概念的理解是很重要的課題。就長遠來看，讓孩子多閱讀才是治本的方式，但就書來說，製作專屬的詞彙集，就非常足夠了。

在閱讀時，如果一直不斷地被不懂意思的詞彙困擾，我相信孩子會漸漸不願意閱讀，所以要讓孩子養成一碰到不懂的詞彙，都馬上查字典的習慣。將這些詞彙的意思都整理成詞彙表寫在筆記本中，這樣就成了專屬的詞彙集了。任何科目都可以製作這種詞彙集，然後充分運用。

如果孩子製作這樣的詞彙集有困難，也可以將這些詞彙寫在便條紙上，直接貼到相關的參考書裡也是很好的辦法。這樣一來，每讀一次就會看到一次，不斷累積就會成為一生的資產。這些參考書也不要丟掉，留著當作參考資料，也許有一天會發揮極大功效。我們家小女兒就是如下頁圖示，將不懂的成語寫在便條紙上，折好、貼在題目旁邊，蓋上，想不起來才翻看重看。

將便條紙攤開　　　　將便條紙折起來

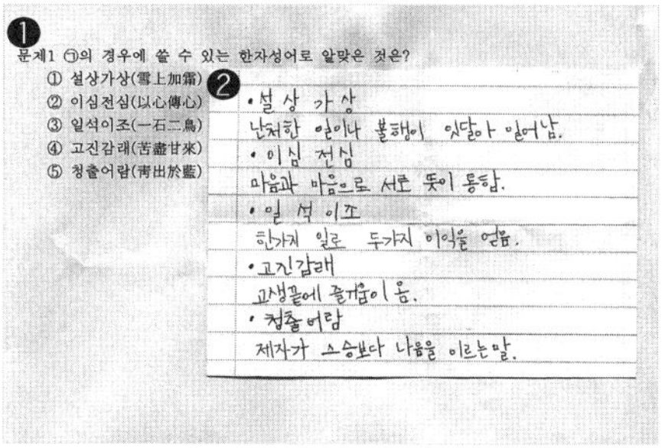
❶
문제1 ㉠의 경우에 쓸 수 있는 한자성어로 알맞은 것은?
① 설상가상(雪上加霜)
② 이심전심(以心傳心)
③ 일석이조(一石二鳥)
④ 고진감래(苦盡甘來)
⑤ 청출어람(靑出於藍)
❷
•설 상 가 상
난처한 일이나 불행이 잇달아 일어남.
•이심 전심
마음과 마음으로 서로 뜻이 통함.
•일 석 이조
한가지 일로 두가지 이익을 얻음.
•고진감래
고생끝에 즐거움이 옴.
•청출어람
제자가 스승보다 나음을 이르는말.

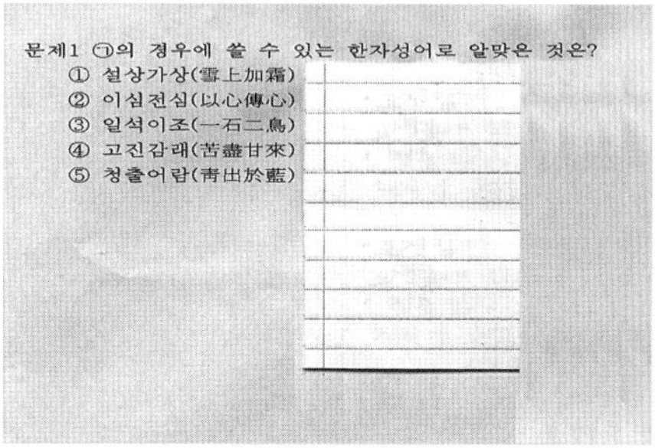
문제1 ㉠의 경우에 쓸 수 있는 한자성어로 알맞은 것은?
① 설상가상(雪上加霜)
② 이심전심(以心傳心)
③ 일석이조(一石二鳥)
④ 고진감래(苦盡甘來)
⑤ 청출어람(靑出於藍)

❶問題 1
（A）中可以使用的成語，
以下何者適合？
⑴雪上加霜
⑵將心比心
⑶一石二鳥
⑷苦盡甘來
⑸青出於藍

❷
・雪上加霜
困難與不幸不斷而來
・將心比心
自己去體會別人的感覺
・一石二鳥
一件事同時得到兩種好處
・苦盡甘來
辛苦結束，幸運跟著來
・青出於藍
學生勝過老師，後輩比前輩強

7 國語是思考力的泉源

小學一年級新生在第一個學期適應期結束後，書包裡面一定會有的就是聽寫筆記本。現在幾乎沒有孩子進小學還不會注音符號，父母都期盼孩子能夠很會聽寫注音符號。因為剛開始除了聽寫之外，不會有其他科目的評鑑。但是很多父母只因為孩子考試成績在90分以上，就認為孩子的國語很強，而忽略加強這個科目。一直到高年級後，孩子的國語成績變差，才開始大罵孩子不用功讀書，但事情演變至此，父母也只能束手無策了。

家教或是補習班可以幫忙補強英語跟數學，唯有國語不但找不到適合的老師，父母更不認為需要花大錢挽回。甚至有些父母會覺得國語是母語，等孩子長大自然就會懂，而懷抱觀望心態。但是不理會孩子又不放心，於是就會買一大堆參考書跟評量給孩子寫，卻又看不到進步。要是就這樣度過小學六年進入國中，孩子甚至會覺得國語是最難的一個科目。

數學這一科，只要花時間好好學，多寫練習題，成績的進步是可預期的。但是無論做再多的測驗卷，國語的成績就是低於預期。這是理所當然之事。因為國語並不是單純的科目，其中包含了聽、說、讀、寫甚至國學常識，其實等於是很多科目的綜合體。而且也並不是閱讀量多，國語成績就一定會好。國語的涵蓋範圍廣，一定要各個項目都好，整體表現才會好，所以還是需要花功夫的。

聆聽

如圖所示，這是從小學一年級課本中擷取的。圖中有很多動物好友聚在一起，聽兔子老師講話，只有小熊在一旁不太專心。這是為了強調聽的重要而畫出的有趣圖案。其實每一年的國語教材，只有形式稍微不同，剛開始一定都強調的就是「聽」。

在聽別人說話的時候，不只是要毫不遺漏地聽，而且還要能聽出對方的真正意思。更進一步，在聽完之後還要將對方的意見與自己的意見進行比較與分析。聆聽的技巧，因為不容易評估，所以在學校體系中有被忽視的傾向，但是就溝通來說，聆聽是很重要的事。而且不會聆聽技巧，未來一定會遇到溝通上的問題，說不定還會遇到更大的麻煩。

想要磨練聆聽的功夫，首先要能夠放開心接納別人的意見。再來就要能專注傾聽別人的陳述。在聆聽這件事上常犯的錯誤，就是急著在剛聽到意見的時候，就用主觀判斷別人的想

法。絕對不能忽略他人意見與想法。凡事在下結論之前，一定要先聽完對方要講的話。所謂的溝通過程包括聽、分析與說，在聽的階段最好不要急著下判斷。錯過了這個階段，就會造成雙方溝通的鴻溝。整合重要事項也是聆聽的一部份。聆聽的時候，注意對方的表情與語調、動作也很重要。因為對方是透過這幾個部分的表現透露出意圖。遵守以上幾點原則，成為一個很會聽別人說話的人，其實並不難。

聆聽能力的重點在於心態。所以平時有必要向孩子強調聆聽態度的重要性與正確心態。

說話

在限定時間內將自己的想法用簡單明白的方式，有系統、邏輯地傳達給他人，就是「說話」的最大目的。在學校，一般是利用班會以及討論進行說話的練習。沒有常練習在眾人面前說話的孩子，遇到了這樣的場合，就一定會害怕緊張。大人可能會認為，平常開朗外向多話的孩子，到了討論的時候，一定也很勇於發言，但事實並不是這樣。如果沒有準備就必須出來說話，那可是會緊張到連心臟都快從胸口跳出來，其實說話並不是件簡單的事。

說話也要常常練習才能累積實力。全家人圍坐餐桌前吃飯的時候，也可以試著多聊聊。定下主題之後，大家都可以針對這個主題發表正反面意見，並針對意見的根據做討論，這都是很好的說話訓練。

接下來，讓我們看看母子倆對於課程中「可以叫朋友的綽號嗎？」的內容做討論：

媽媽：相賢，你們班上是不是有很多人不叫同學的名字，而是叫他們綽號的呢？

相賢：是呀，這樣的人很多。有的同學長得比較胖，就被叫成胖豬，或是大熊。還有人用別人名字的一個字取好玩的綽號。

媽媽：相賢，你對這種取綽號的習慣有什麼感覺呢？

相賢：我覺得只要不傷害對方自尊心，就還滿有趣的。有時候叫對方綽號，還會讓兩人感情更好。

媽媽：原來是這樣啊！

如同相賢媽媽一樣，用教科書中的主題很自然地與孩子談談，也許第二天上課的時候，孩子就會興高采烈主動且很有自信地分享自己的看法。

讀與寫

我跟就讀小四的英哲爸媽談過。英哲的爸媽認為英哲很聰明，但奇怪的是就是討厭看書。只要一坐到書桌前，他就會馬上打起瞌睡，或者分心做其他的事。我們觀察英哲幾天之後，才發現他的問題在於閱讀。當我們跟英哲的爸媽說他的問題在缺乏閱讀能力時，他們的反應是：「我們孩子六歲時就學會注音符號啦？」

英哲是能夠正確拼讀注音符號。但是這樣只代表他看到字能夠正確唸出發音，不代表他知道那是什麼意思。詞彙不夠多就會影響閱讀程度。這樣一來，不只是國語，其他科目也不可能有好成績。

我們建議從那天起，英哲只要作一件事，那就是練習大聲讀出書上的每個句子五遍。僅僅這樣讓他反覆練習，期末考的成績居然進步到英哲跟爸媽都笑得合不攏嘴。

這些年來我們教過許多孩子，看過太多因為沒有好好把東西讀進去而對學習失去興趣的例子。如果讀文字沒辦法立刻掌握內容，那麼不管是多麼有趣的書，都會變得索然無味。讀跟寫的能力，與大量閱讀、寫日記的習慣有很密切的關係。如果這兩件事平常都有確實做

到，讀與寫的能力大概就沒什麼需要擔心的。（詳細做法請參考本書第二部第二至第四章）

國語最難拿高分？

在大學入學考當中，分數最難有立即進步的科目，就是國語。數學跟英語只要肯花時間，分數就可以有一定的進步空間，但國語卻是花上一年半載也不見得會有多大效果。所以對於大學入學考近在眼前的高三學生來說，國文是種沉重的負擔。其實對小學生來說也一樣。要了解國語的內容，首先要具備國語的知識。很多人因為國語是母語而看輕它，所以忽略詞彙的累積、文章的解讀能力的的練習，做題目的時候就會因此而答錯。

以下是國中二年級的一道國文試題。

欣怡：老闆娘，給我欣怡花！
老闆娘：(a)什麼？你說什麼花？
欣怡：欣怡花啊！就是那邊粉紅色花瓣，白色花蕊的那種花啊！
老闆娘：那明明是無窮花啊，你為什麼說是欣怡花？
欣怡：因為無窮花太難念了，我昨天明明將它改名叫欣怡花了呀？

問題1看了上文，我們最需要告訴欣怡的語言特性是以下哪一種？

①恣意性②歷史性③創造性④社會性⑤規則性

問題2造成老闆娘(a)反應的原因，以下何者正確？

①欣怡花是一種很少見的花。

②那間店中並沒有欣怡花。

③老闆娘平常就很喜歡這種花。

④少有人到花店去買欣怡花。

⑤因為欣怡自己幫花取名字。

（譯按：以上是韓國小學國語科出題方式，僅供參考）

以上兩個問題要能正確解答，最好要先知道語言的特性有哪些。第一題的正確解答是語言的社會性。在語言學中，語言的社會性是指語言不屬於個人，而是一個社會中成員之間的約定俗成。因為欣怡無視於語言的社會性，自己隨便幫花取了個名字，所以老闆娘才聽不懂她說的是什麼。這方面的知識不夠豐富的孩子，第二題很可能就會選到錯誤的答案。

實際上真的有孩子選了錯誤的答案，我們問他選這個答案的理由後，他回答如下：「從老闆娘的立場來看，他之所以會回答「什麼？」有，可能是因為店中沒有這種花，也有可能是因為很少人來買這種花，當然也有可能是欣怡自己亂取的。」我聽了之後笑著跟這孩子說：「如果像你說的那樣，那也有可能因為欣怡花是一種很少見的花呀！」然後我跟他說明了語言的幾種特性之後，要他把題目再看一遍，這次孩子自己都覺得題目太簡單了。

有許多學生雖然閱讀了許多書，但因為分析力不夠，所以國語一直拿不到好成績。如果不希望進了國中吃這種苦頭，小學就必須積極充實詞彙與知識。

小學時代最常讀到的文章種類應該是記敘文與論說文，此外常出現的還包括遊記、童話等等。如果孩子在學記敘文，那麼可以讓他去查出記敘文的定義、特點、結構等等，然後寫在一張Ａ４紙上，放進檔案夾中。每當學到記敘文的時候，他就可以把這張紙拿出來看，這樣很快就可以掌握宗旨，也能夠回答相關問題。用這種方式將文章分類後放到檔案夾中使用，今後就可以不用太擔憂孩子的國語分數。

與夥伴一起互相問答學國語

跟其他科目不同的是，我們不太建議孩子一個人埋頭苦讀國語。因為一個人讀國語這件事帶有幾種危險性。

要答對國語的問題，首先要先理解文章的主旨。要能做到這件事，必須先清楚這篇文章的種類以及作者的真正意圖。但光是這樣，還是不容易獲得好分數。要了解文章背後蘊含的深意，自己要將其區分段落，並掌握整體文章、作者的想法與表現的技巧等等。受過這一類訓練的孩子，即使碰到教科書以外的文章，也絕對不會害怕。問題就在一個人要做這麼多比較分析是有困難的。看著參考書一個人努力讀文章，反而事倍功半。參考書有時候會幫你把段落分好，把主題與體材都寫好，如果孩子依賴這些參考書，就會喪失本身的思考力。

因此我們建議，研讀國語科的時候，可以找夥伴來互相問答。如果這個夥伴是自己的爸媽，當然更好。

以下是韓國小學四年級下學期國語的課文「天與地」中的一部分。參考書由父母拿著，孩子讀課本。首先讓孩子知道這是哪一種文體，然後將文章分段讓孩子理解內容。

天與地

〈第一段〉地羨慕著天，對自己本身有很多不滿。

從前，世界上有天與地。

地非常羨慕天。「早上有太陽出來，白天有柔軟如棉花般的雲飄過，夜晚則有月亮跟星辰閃耀著。」地覺得天所處的環境真是棒得不得了。

比喻

地羨慕天的理由

天是那麼好的地方，我卻……

但是「人們會把垃圾丟到地上，有蒼蠅跟蚊子飛來飛去，下水道還會發出惡臭。」地對此非常不滿。因此，地為了表示出心中充斥的不滿，開始搖動自己的身體，讓火山爆發噴向天。但是，這只是讓自己疲倦而已，根本沒有什麼用。

地目前的狀況

很多不滿　相反詞：滿足

因為有太多不滿

藉由地震搖晃自己的身體，讓火山爆發

解題式國語學習範例

問題1：第一段是從哪裡開始，哪裡結束？

問題2：第一段主要在講什麼？

問題3：「棉花般的雲」是用哪一種修辭法？
問題4：「飄」是什麼詞？
問題5：地羨慕天的理由是什麼？
問題6：哪些文字是用來形容地的樣子？
問題7：「不滿」的相反詞是？
問題8：「充斥」是什麼意思？

此處發問的人不一定需要豐富的國語知識。只要把參考書裡小字的註解拿來問就可以了。常常進行這種國語問答，可使孩子具備對文章分析的能力，國語能力得到提升後，連其他科目的表現都能得到提升。

8 數學是一切學習的基礎

數學之所以重要的理由

我發現父母對數學傾注的熱情實在是很嚇人。從數學參考書到數學補習班、數學家教，很多家長都對數學這一科投注很多資金。為什麼會這樣呢？因為低年級的時候，父母還可以拿著參考書的解答教孩子數學，到了高年級之後，數學課程已經漸漸不是父母熟悉的領域，當父母教起來開始覺得有點吃力時，就只好求助於其他管道。

除此之外，花盡心思在數學上還有其他理由，那就是數學是所有學問的基礎。對於孩子以及投注鉅額資金的父母們來說，眼前可見的數學成績固然重要，但更重要的是解題過程中所培養的邏輯思考能力。

在學習圖形的過程中，孩子會具有空間認知的能力；在得出圖形的面積或體積之時，就會具備推測事物的能力。另外，運用方程式解題時，孩子可以將觀察到的現象化為數式，並求得解答。我們多年教導孩子的經驗是，從來沒看過「只有數學一科強的孩子」。數學強的孩子，因為已經具備可以運用到其他學問的的基本能力，所以每一科成績都不差。因此，可以斷言數學是會直接影響其他科目的成績的。

數學是環環相扣的學習

「老師！為什麼我們要學這麼困難又複雜的數學？」偶爾學生們會這樣問我。「買東西的時候會算錢不就好了嗎？我恨死發明數學的那些人了。」會這樣問的孩子，就是不了解生活中處處是數學的道理，所以將數學當作是一種跟生活毫無關係的知識來學習。

有人說，數學是可以在最短時間內成績大幅提昇的科目，但同時也是不容易跨越障礙的科目。在數的概念已經完整建立的狀態下，要好好攻讀這一科，很快就能達到目標。但是數字概念的建立、理解與記憶都不及練習所經歷的體會過程，所以要提昇成績是需要相當時間的。

「千里之行，始於足下」這句話雖然可以應用在各個科目上面，但特別切合於數學。低年級時，錯失良機沒能建立數學基礎的孩子，到了高年級，父母再怎麼著急，送到補習班或請家教，想要如願挽回數學成績並不容易。這是因為數學的學習是環環相扣的，如果不先理解前面的內容，要直接進入下一個單元是不可能的。對於分數、小數、最小公倍數、最大公因數等毫無概念的孩子，是沒辦法學習分數與小數的加減乘除的。而且是無論花多少時間練習也不會有成果。如果這時再出現應用題，那孩子也只能直接舉雙手投降了。這麼一來，孩子不只會對數學失去興趣，甚至連面對其他科目都喪失自信。因此培養數學實力猶如蓋房子，要一層層往上面蓋，重點是在小時候就要把基礎打得很扎實，然後願意按部就班學習。

那麼，數學基礎的建立，需要什麼要素呢？答案並不簡單。因為數學的成績要好，不但要能夠專心看懂題目，計算還要迅速確實才行。

斷掉的環節要趕快補救

韓國的教育課程將小學數學分為數與運算、圖形、測量、機率與統計、文字與算式、規則性與函數等六個領域（台灣則是分為數、量、形的概念、整數的四則與混合計算、小數與分數的四則計算、幾何性質與其面積、體積公式、統計圖形等。）其中，數與運算是最基礎的部分，所以低年級孩子的父母最需要花心思的部份就是建立算數的基礎。如果沒有基礎計算力作為後盾，孩子到了高年級就會把時間都浪費在計算上。因此，起碼在小四之前，一定要培養孩子的四則運算能力。

但是，若為了培養計算能力，要求孩子在紙上不斷練習，那麼有可能讓孩子因此對數學失去興趣，請務必小心。如果到四年級計算能力還是有問題，請先找出四則運算有問題的部份，再想辦法直接補強，即可獲得改善。也就是說，找出孩子四則運算較弱的部份是父母的職責之一。

真善在五上的時候，所有科目都拿95分以上，只有數學是60分。詢問原因的結果，他說所有題目他都懂，但是因為時間不夠而來不及作答。真善的父母仔細檢查考卷之後，發現他的計算能力有問題。對於長方體與正立方體的特性、平面圖的周長與面積、文字與算式、規則性與函數的概念問題，他全部都答對，但是對於約分和通分、分母不同的分數計算，卻都寫錯。他除了不理解以因數與倍數為基礎的最大公因數和最小公倍數的概念之外，還有四則運算的能力不足的問題，這才是數學分數無法提升的主要原因。

所以真善的父母就先暫緩數學學習進度，先讓真善集中加強解因數與倍數、分數混合計算等問題。題型從概念題到應用題都有。透過這種方式，重新補強完整數學概念的真善，到了下學期後，碰到分數與自然數、小數的乘積與除法等問題時，就可以輕鬆解決了。

相反地，也有些孩子的四則運算與分數計算沒什麼問題，卻每次都錯在很簡單的地方。有些孩子在練習運算時，因為做得快就能受到獎勵，所以不在乎正確度。如果只在意速度，那麼正確度一定會下降，因此提醒您，讓孩子多熟練計算技巧才重要。

解題之前，要先了解概念與定義

數學這一科，理解概念與定義是很重要的。所以教科書中的練習題、參考書上的概念與定義說明，絕對不能只是瀏覽，而是要理解並動手解題，並且將解題的過程寫到筆記本上加以理解才行。

舉例來說，下頁圖以圓的面積計算法與定義做說明，如果不先理解定義，只是死背公式，那麼一旦遇到應用題將會束手無策。

平常我們也可以在家中，讓孩子用水壺蓋畫出一個圓，然後用線繞水壺蓋一圈之後，測量線的長度以及圓的直徑，就可以知道圓周的長度是直徑的三倍多一點。這樣一來，即使不硬背，也可以確實將「圓的周長=直徑×圓周率（3.14）」牢記在腦海中。在求圓的面積之時，也可以用圖中③的方法拿色紙實際做做看，這樣一來，不但公式容易記憶，連概念與原理也能一下子就理解了。

西元二〇〇〇年，國際經濟合作與發展組織 OECD 所主辦的「學生能力國際評估計劃（PISA）」報告中提到，韓國學生在數學這一科比較無法處理以文字敘述的應用問題，在計算題與選擇題上答對的機率較高。在說明解題過程與解釋圖形上面，要利用正確的數學專有名詞以及日常生活用語進行說明，遭遇到較大的困難。碰到應用題時，無法正確掌握問題

學習目標：了解圓周與圓周率，求出圓周的長度

❶ 圓周與圓周率

圓的周圍長度稱為圓周。圓周與直徑的比是固定的，這個比率叫做圓周率。

（圓周率）＝（圓周）÷（直徑）

➡ 圓周率計算出來是 3.14159…，一般使用四捨五入後的 3.14。

❷ 圓周的求法

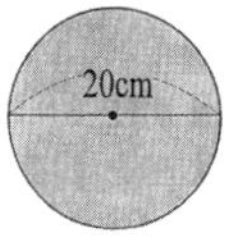

圓周為直徑的 3.14 倍，

（圓周）＝（直徑）（圓周率）

＝20×3.14

＝62.8(cm)

圓的面積的求法

❸

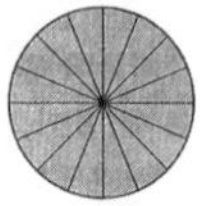

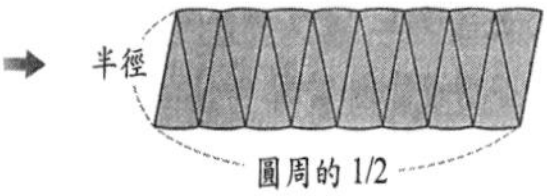

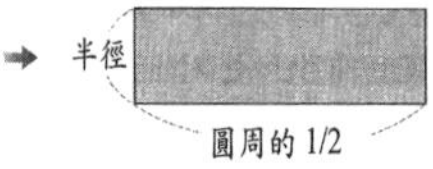

圓面積＝圓周的 1/2×半徑

＝直徑×圓周率×1/2×半徑

＝半徑×2×圓周率×1/2×半徑

＝半徑×半徑×3.14

的精確內容，這是韓國學生的特徵。

換個角度來看，這表示韓國學生對於理解數學問題，並將其化為式子的能力非常弱。而且不管問題的難易度，只要碰到應用題，根本還沒了解問題就放棄了。這是長期以來，不重視學生數學原理的理解程度，只注重計算造成的結果。然而在複雜的現代社會中，根本不會碰到只靠計算就能夠解決的問題。通常我們會碰到的，都是混合各種假設與條件加在一起的問題，我們要做的是從複雜的狀況中找出解決問題的關鍵。繁複的計算過程可以交給電腦，而且根本不重要。所以一定要趕快脫離「數學就是計算」這種既有觀念。

多練習不同題型以培養解題能力

數學目的在於運用思考力以培養解決綜合性問題的能力，如果希望孩子數學好，一定要多練習思考。因此練習各種題型才會如此重要。孩子在累積各種經驗後，當遇到新的問題出現時，就能自行思考並解決問題。所以，對於基礎還未打穩的孩子而言，有必要利用教科書與習作、參考書等，從基礎開始建立。已經有基礎的孩子，則要多接觸各種不同的題型以累積經驗。但是在解題的過程中，有幾件事必須要加以注意：

●選擇適合數學程度的參考書

對於剛認識數學概念的孩子而言，進階的數學問題會讓他們感到難以應付。如果孩子已經透過教科書理解基本原理，那就要選擇確認概念理解程度的簡單習題，讓他們感到有興趣。也就是說，在此階段，比「正確作答」還要重要的，是掌握孩子是否「全盤理解原理」。

接下來的階段，就是讓孩子藉著多解題，以練習運用原理。市面上有許多參考書，與其從程度較高的下手，不如從基本題型開始。等到需要更進一步時，再練習進階題。如果能這樣循序漸進，即使孩子自己一個人解題也不至於遇到大困難。

確實經歷這些階段之後，就可以試著做做看難易程度綜合的題型，如果還有時間。則進一步挑戰高難度題型。這時對於答錯的問題，可以參考解答的詳細說明，將做錯的原因與心得記錄在專用筆記本，之後也必須回頭確認自己最常犯的錯誤。

●應用題要分段閱讀以正確理解題目內容

應用題之所以令人覺得困難，主要是因為孩子無法正確理解題意。所以，培養孩子解讀題目的能力比什麼都來得重要。最好能分句閱讀，看清題目要的答案。也可以試著在問題的重點處畫底線標記，解構文章的練習是非常必要的。

民洙碰到一般的計算題幾乎都會算，但只要應用題一出來，他馬上就舉雙手投降，先在題目邊打一個星號。如果題目超過兩行，他就會略過不看。所以我們就用以下的斷句方式訓練他閱讀題目。

▲問題：錫俊每個月的零用錢是 1200 元。其中 1/6 拿來儲蓄，剩下的 3/5 用來買學用品。請問他每個月花在學用品上的錢有多少？

民洙：媽媽，這一題我不懂。

媽媽：哪裡不懂？

民洙：全部都不懂。

媽媽：是嗎？那你懂不懂錫俊每個月的零用錢有1200元呢？

民洙：這個我懂。

媽媽：那我們來看一下。如果我們把題目拆開來看，然後找出懂跟不懂的地方，把不懂的地方弄懂後就可以回答問題了。

民洙：這樣一想，我知道哪裡不懂了。就是「其中」跟「剩下的」。

媽媽：你覺得「其中」的意思是什麼？

民洙：是不是說錫俊的零用錢，就是「1200元裡面」的意思嗎？

媽媽：是的。那「剩下的金額」你也懂了吧？

民洙：是的，那我自己寫寫看。

只要能夠正確理解問題，透過畫圖解題會比直接寫算式要能夠學到掌握問題全貌的能力，也能減少錯誤。為了提高解讀問題的能力，即使不是應用題，也可以試著把公式用精確的語句解釋出來。絕對不是一看到公式就得拼命把公式死記下來，而是試著用語言去解構公式的意思。透過這樣的訓練，久而久之就會擁有將題目數式化的能力。這樣一來，自然而然就能夠一眼就看懂應用題的題意，找到正確的公式解題了。

●收集容易錯的題目，反覆練習

對於經常犯同樣錯誤的孩子來說，父母可以在各種講義參考書中，找出孩子最不熟悉的部分，拆開參考書，另外裝訂，做成最適合的專屬練習題本。把平常特別容易錯的部分或覺得困難的部分，收集起來，等到考試可拿出來重新練習，會有很好的效果。

如何預習？

在教學過程中，我們偶爾會碰到喜愛數學的孩子。這些孩子不旦計算能力強，還能用心算求解答。有趣的是，即使對這些喜愛數學的孩子來說，計算本身也還是一件無聊的事。他們只不過是因為喜愛數學，常常練習算題目，所以計算速度特別快而已。事實上，喜愛數學的孩子對於不需要深思就能獲得解答的問題是提不起興趣的。他們喜歡的是需要思考的問題，花上幾個小時甚至一整天也無所謂。對於能夠解開這種具有挑戰性的問題，讓他們感到滿心的喜悅。

對於這樣的孩子給予高難度的題型或數學故事書，都能幫他們更深入地思考。對於他們來說，預習是有意義的。對於擁有強大求知慾的孩子，如果能夠滿足他們的求知慾以增加學習欲望，絕對是件好事。請記住，要讓他們自己主導學習的進度，絕對不可以勉強。如果孩子四年級就已經在讀五年級的數學，剛開始可以先讓他們從書上的概念說明讀起，並對專有名詞進行整理，讓他們能夠理解。因為數學是環環相扣的學習，所以如果出現了不懂的部份，可以回溯以前的單元就能大致了解。也就是說，首先要詳細解說原理，再運用參考書籍，這樣就不會有太大問題。理解原理之後，讓孩子試著解題、自己檢核程度，還要對錯誤的部分深入思考，找出錯誤的關鍵才行。這樣縝密的進行模式，才能使得先行學習有意義。

我們從某些天才型的音樂家的人生經歷可以得知，雖然他們必須很努力成為知名音樂家，但是他們的音樂才能在很小的時候就已經開發出來，並且接受該有的學習歷程。例如：莫札特的爸爸給予他紮實的音樂教育。要知道，即使再厲害的老師也沒辦法給予孩子才能。老師的職責，只是將理論與技巧傳授出去，並且引起孩子的學習動機，讓偉大的音樂家可以發揮自己的天賦才能。試想，如果孩子就是沒有音樂才能，父母卻因為自己的野心，不斷逼迫孩子練習，結果顯而易見地只有走上失敗一途，不是嗎？如同不可能每個人都是音樂神童一樣，數學神童也不是人人都當得起。因為每個孩子各自都有不同的才能。所以，父母如果因為那些極少數具有數學天份的孩子，而強迫自己的孩子也要仿效，那麼就等於將孩子推上失敗的道路。

數學基礎不好的高年級生怎麼辦？

到了高年級還沒有數學基礎的孩子，他們所要面對的問題跟前面所提的悠遊於數學世界的孩子完全相反。面對這樣的孩子，父母首先必須帶著孩子從頭確實理解數學的概念與定義，並養成計算能力。在孩子建立基礎的過程中，他們絕對跟不上學校的進度，這是必須注意的。而且當孩子必須重頭學起，還要看著同儕們繼續往前學習，這種情況是會造成孩子極大的心理負擔。

進石是家中的么子，從小就受盡父母與姊姊們的寵愛，對於念書絲毫不用心。到了四年級時，他連九九乘法都還沒記牢，更別提乘除法的運用，問題十分嚴重。我們跟進石談了很久，希望藉此誘發他的學習動機，最後進石終於允諾「要好好用功」。為了補足之前不足的部分，他很努力地每天都花兩個小時在數學上。

●重建基礎計算力的階段

我們首先利用數學參考書加強進石的計算能力，找出他特別不足的部份，集中練習，所以很快補回基礎。

為了追上四年級的進度，我們讓他從基礎問題開始，依序做到進階題。最後確認的階段，我們選擇了難易問題綜合的題型讓他練習，遇到不懂的問題，我們不但不幫他算，甚至連提示也不給。我們讓他回頭看以前算過的各種不同難度的問題，讓他練習面對問題自己解決。如果有答錯的，就讓他整理到錯誤筆記本上。

●進入解應用題的階段

六個月之後，進石的數學實力明顯增強，計算變得迅速又正確，教科書上的練習題都可以毫無困難地解答。但是一遇到應用題，他還是覺得很難解題。在數學這一科中，進石最後剩下的大問題，就是文字理解力不足。就像許多孩子面對應用題就束手無策一樣，進石也不例外，只要是文字敘述的題目，他就會因為詞彙跟理解力不足，根本沒辦法理解問題。為了克服這個問題，我們讓他每星期看一本數學相關書籍，並且要他整理其中的詞彙。

到了五年級之後，他就脫離了必須有人說明學習概念與陪著算題目的階段，如果碰到應用題，我們首先要他去試著理解題目，並且重新說明一遍。然後再請進石把理解的說明寫到筆記本上。這種方式持續一年之後，不管碰到什麼問題，他都可以順利解開了。

升上六年級以後，進石不但已經養成主動學習的習慣，也開始有自信，甚至同學不懂的時候，他還可以當小老師教同學。

要學好數學，不一定要付出昂貴的補習費。只要父母付出關心及耐心，利用市面上的評量參考書，一定能讓孩子把數學學好。

9 實地造訪學社會

社會科是螺旋狀以自我為中心的學習

數學學習是環環相扣的，那麼社會科可說是以自我為中心，向全世界擴散的螺旋型學習。數學必須要從基礎開始累積實力，而社會科則是不管從哪一單元開始，都可以毫無阻礙地進行學習。

如同下圖所示，數學科如果沒有加減的概念，就沒辦法理解乘除的意義。如果不懂乘除，那就不可能懂因數與倍數。換言之，數學若是缺少了其中一個環節，可能就很難再繼續往下學。但是社會科即使中間有些缺少的部分，要直接學下一個課程卻不會有太大的困難。不管從哪裡開始學，都可以快速連貫前後內容。

學習數學與社會的差異

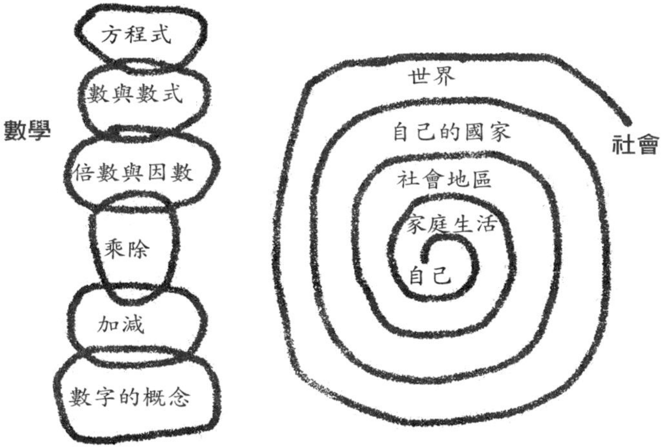

數學是環環相扣的學習型態，而社會是螺旋狀的學習型態

為什麼社會科考不到高分？

小學的社會課程一開始較簡單，但是四年級開始學比例尺與等高線的時候，孩子就會開始感覺有難度了。社會科要學得好，必須有能力看地圖、年表、圖表等。對於沒有理解能力的孩子，剛開始學習社會時，可能會產生抗拒心態。一旦教科書上出現了大量的地名、各地的特色介紹、文化的特徵、民主政治與法律等，同時出現大量的專有名詞時，孩子就會開始感到吃力。

如果不清楚孩子的問題，父母會以為原本表現不錯的孩子，是因為不夠用功，才會在社會科拿不到高分。一般認為社會就只是需要背誦與記憶的科目。社會科的確需要背誦，對於國家自然環境的特徵、各地特色、都市人口的分布等，如果能將課本內容全背下來，分數至少絕對不會太難看。但是要記憶這麼大量的資料是很辛苦的。就算一時真的能背起來，過一段時間一定會全部忘光。即使記憶力特別強的孩子，真能把課本都背起來，也絕對不會因此喜歡社會科。

社會科的學習著重於實際體驗

俗話說：「百聞不如一見」。與其拿起課本背誦一百遍，還不如讓孩子實地走一遍，學習效果會比較確實。社會科不是靠閉門思考就能學好的科目。數學科在學完概念與原理之後，就要自己多思考，也就能有邏輯地推理而解開各種難題。但面對社會科的學習，即使坐在書桌前面思考良久，也不見得能理解書本中的內容。以地形來說，常見的山地、平原、海島等，都要親自去看一看就能自然領悟。去過山上的孩子，自然就可以清楚山地的各種特徵，也會知道森林的環境與生態。關於某個地方的大量地下資源，或是某地的依山坡造梯田的狀況等等，如果能直接身歷實境去感受，那跟從課本上硬背下來的知識是有很大差別的。

炎熱的夏天，成岷坐在書桌前努力背誦著河流與平原相關的內容。上一次的期末考，他的社會成績遠低於預期，所以希望透過這次暑假拼命補回來。

媽媽：來！把剛剛你背的韓國的四大河川，背給我聽。

成岷：漢江、錦江、洛東江、榮山江。

媽媽：再背出這四大河川的流域的平原。

成岷：漢江是金浦平原，洛東江是金海平原，榮山江是……

媽媽：已經背第三次了，怎麼還不知道？

成岷：唉唷，不知道啦！剛才已經背了國家公園，然後又背了各島嶼的特產。我不要再背了。腦袋快要爆炸了。

媽媽：你就是這樣，社會才會考不好。你不要這樣，快點再背一次。

成岷：不要。我不要再背了。

媽媽：這樣下去不行。我們明天就走！

成岷：走去哪裡？

媽媽：還會去哪裡。當然是去你背不起來的榮山江啊！

媽媽對於成岷的社會科成績一直不好這件事，雖然忍不住責罵了他，但是，跟孩子一起讀書的優點就是會發現需要背誦的東西很多，孩子確實很辛苦這件事。然而媽媽突然有了一個好點子，就是要帶著兒子們一起到榮山江去進行自助旅行。

於是他們計劃了兩天一夜的行程，到了目的地因為認不得路，媽媽決定到當地市政府的文化觀光科去尋求協助，按照市政府員工的建議，他們參觀了榮山江以及海邊的警戒線，也看了河邊遼闊的平原。然後順便拿到榮山江相關的許多資料。

第二天他們去看了榮山江的中游，果然跟書上寫的一樣，寬度比下游窄了很多，孩子看了嘖嘖稱奇。他們也詢問當地的居民相關事情，還聽到一些當地的傳說。孩子們都開心地忘了疲倦，環視四周的羅州平原，然後又到羅州市政府去拿關於榮山江中游的解說手冊。

這趟旅行雖然只有短短的兩天，成岷的收穫卻不少。自從旅行回來以後，他變得非常喜歡社會。原本他對上台報告態度消極，也因為上台報告旅遊心得，變得喜愛主動發表意見。後來凡是有假期，家人一定都會選擇社會課本上提到的地方，進行主題式學習之旅。不論是高山、平原還是島嶼，他們走遍各種特殊地理位置，獲得許多寶貴的體驗。而就讀一年級的弟弟成俊，也因此立下志向說將來要成為地理學家。當他們不想讀書的時候，媽媽還會說：「不用功，下次不帶你們去旅行囉。」旅行成為鼓勵孩子們努力讀書的最佳獎賞。

社會科主題式學習之旅

不久前，我跟許多關心社會科主題學習之旅的父母聊過，他們表示自己時常帶孩子出去旅行，但孩子的社會科成績並沒有顯著提高。我問他們去旅行的時候主要都從事什麼樣的活動，他們說大人都跟大人在一起，小孩則是自己在一起玩。當然從休閒的角度來看，這樣的旅行對於增進人際關係與放鬆是很有幫助的，但對於孩子社會科成績卻不會有直接影響。

我建議有興趣進行主題式學習之旅的父母，在出發前必須要做充分的準備與閱讀相關知識。例如，若把目標設定在學習本國的河川與地理環境，就要對於河流的源頭、水壩與水力發電的關係、河下游的出海口在哪裡等，有相當的了解。寒暑假可到下學期課本提到的地方，可以先拿出相關單元來預習，這樣的學習之旅最有效果。結束旅行之後，還可以把收集到的相關資料製作剪貼簿或是寫遊記，也都是很好的方式。

下面的資料是四年級的成岷旅遊榮山江後所寫的遊記，以及一年級成俊的圖畫日記。我們強烈建議，最好將主題式學習之旅與書本式學習分開進行。用旅行的方式學習，不但有趣，而且也能成為全家人的回憶，非常有價值。孩子進入國中之後，家人聚會的時間將會逐漸減少，孩子們也會有各自的朋友，所以即使有空，多半很難一起出去旅行。小學是最適合進行這種主題學習之旅的時期。

如果在孩子的小學階段，能夠擁有豐富的實地學習經驗，再加上看過許多的相關資料，那麼他們就會輕鬆累積豐富的常識。高年級時，社會科拿不到高分的孩子，我們很難得知他們的問題所在，並想出適當的解決方案。因為社會科的範圍太大，如果平常不累積相關的背景知識，到高年級以後會很難彌補回來。

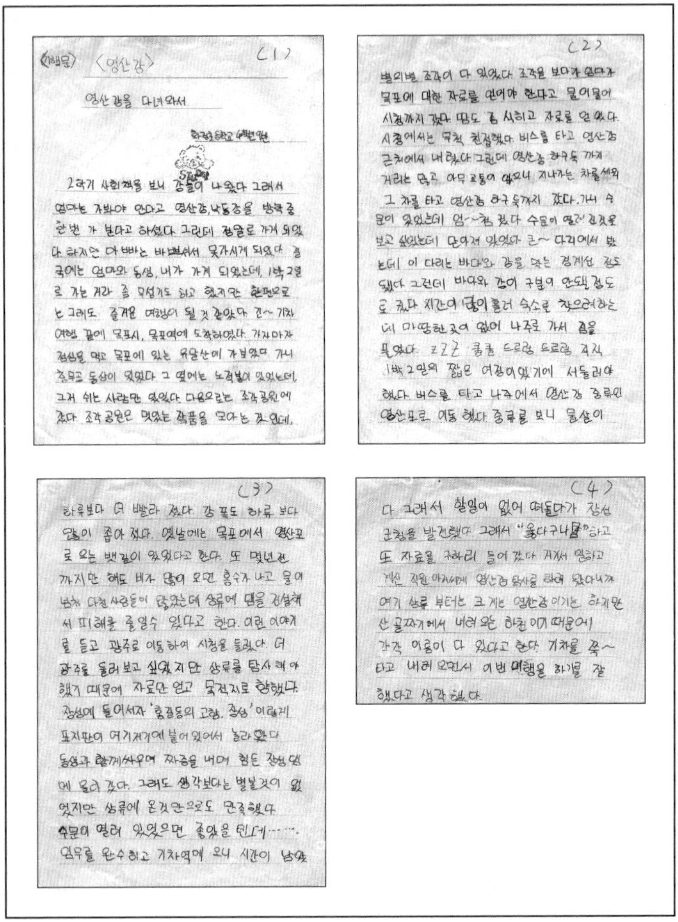

〈기행문〉 〈영산강〉 (1)

영산강을 다녀와서

화정초등학교 4학년 9반

2학기 사회책을 보니 강들이 나왔다 그래서 엄마는 가봐야 안다고 영산강, 낙동강을 방학 중 한번 가 본다고 하셨다 그런데 정말로 가게 되었다. 하지만 아빠는 바쁘셔서 못가시게 되었다 결국에는 엄마와 동생, 내가 가게 되었는데, 1박 2일로 가는 거라 좀 무섭기도 하고 했지만 한편으로는 그래도 즐거운 여행이 될 것 같았다 긴~ 기차 여행 끝에 목포시, 목포역에 도착하였다. 가자마자 점심을 먹고 목포에 있는 유달산에 가보았다 가니 충무공 동상이 있었다 그 옆에는 노적봉이 있었는데, 그저 쉬는 사람만 있었다 다음으로는 조각공원에 갔다 조각 공원은 멋있는 작품을 모아논 곳인데,

(2)

별의별 조각이 다 있었다 조각을 보다가 엄마가 목포에 대한 자료를 얻어야 한다고 물어물어 시청까지 갔다 땀도 좀 식히고 자료를 얻었다 시청에서는 무척 친절했다 버스를 타고 영산강 근처에서 내렸다 그런데 영산강 하구둑 까지 거리는 멀고 아무 교통이 없으니 지나가는 차를 세워 그 차를 타고 영산강 하구둑까지 갔다. 가니 수문이 있었는데 엄~청 컸다 수문이 열린 것을 보고 싶었는데 닫아져 있었다 큰~ 다리에서 봤는데 이 다리는 바다와 강을 막는 경계선 정도 됐다 그런데 바다와 강이 구분이 안될 정도로 컸다 시간이 늦어 숙소를 찾으려하는데 마땅한 곳이 없어 나주로 가서 잠을 잤다. ㅋㅋㅋ 쿨쿨 드르렁 드르렁 자자 1박 2일의 짧은 여정이었기에 서둘러야 했다 버스를 타고 나주에서 영산강 중류인 영산포로 이동했다 중류를 보니 물살이

(3)

하류보다 더 빨라 졌다. 강 폭도 하류 보다 많이 좁아 졌다. 옛날에는 목포에서 영산포로 오는 뱃길이 있었다고 한다. 또 몇년전 까지만 해도 비가 많이 오면 홍수가 나고 물이 넘쳐 다친 사람들이 많았는데 상류에 댐을 건설해서 피해를 줄일수 있다고 한다. 이런 이야기를 듣고 광주로 이동하여 시청을 들렀다. 더 광주를 둘러 보고 싶었지만 상류를 탐사 해야 했기 때문에 자료만 얻고 목적지로 향했다. 장성에 들어서자 '홍길동의 고향, 장성' 이렇게 표지판이 여기저기에 붙어 있어서 놀라웠다 동생과 함께 싸우며 짜증을 내며 힘든 장성댐에 올라 갔다. 그래도 생각보다는 별볼것이 없었지만 상류에 온것만으로도 만족했다. 수문이 열려 있었으면 좋았을 텐데……. 임무를 완수하고 기차역에 오니 시간이 남았

(4)

다 그래서 할일이 없어 떠돌다가 장성 군청을 발견했다 그래서 "옳다구나!" 하고 또 자료를 구하러 들어 갔다 거기서 일하고 계신 직원 아저씨께 영산강 탐사를 하러 왔다니까 여기 상류 부터는 크게는 영산강이기는 하지만 산 골짜기에서 내려 오는 하천이기 때문에 각각 이름이 다 있다고 한다 기차를 쭉~ 타고 내려 오면서 이번 여행을 하기를 잘 했다고 생각했다.

＜記敘文＞

榮江山之旅　　4 年 9 班 成岷

社會的課本上有很多河川的名字。因此，媽媽覺得如果不實際去一趟，我會記不得這些河川的名字。所以說暑假的時候，要帶我們去榮山江、洛東江。後來還真的去了。但是，爸爸工作忙沒有一起去。所以，媽媽帶著弟弟跟我出發了。一開始雖然有點擔心，不過我告訴自己這應該是一趟有趣的旅行。坐了好久的火車，我們終於到了木浦車站。一到那邊，吃完午餐就前往儒達山。山上有李舜臣將軍的銅像。旁邊雖然有霧積峰，不過除了停下來休息的人之外，幾乎沒有人……（以下略）

7 月 24 日　星期　（天氣　晴）　題目：亂七八糟的木浦　　　　　（成俊）
我今天跟媽媽還有哥哥去木浦。為了去榮山江所以去那裡。全羅南道好熱鬧，當我們爬到儒達山向下看，就發現亂七八糟的木浦。我們問了很多人榮山江在哪裡，大家都很親切地告訴我們。

這樣學社會輕鬆又有趣

藉由這種旅行方式累積各種體驗，那麼了解課本的內容也就不會那麼困難了。讓我們分段來檢視這個過程：

1. 進行主題式學習之旅，並閱讀相關教材

2. 徹底讀通教科書

孩子學習資料的提供主體就是社會科教科書。以教科書為主，然後再增加相關教材並且進行主題學習之旅，這樣才會對學習有幫助。實地參觀、學習的時候，只要了解教科書的重點內容即可。但如果想要拿高分，還是得多讀並且理解教科書內容。

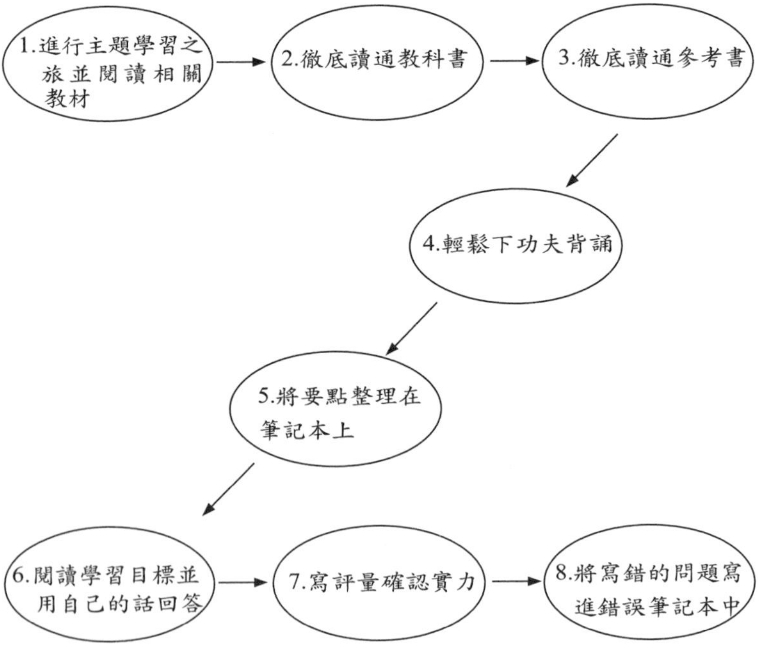
1.進行主題學習之旅並閱讀相關教材
2.徹底讀通教科書
3.徹底讀通參考書
4.輕鬆下功夫背誦
5.將要點整理在筆記本上
6.閱讀學習目標並用自己的話回答
7.寫評量確認實力
8.將寫錯的問題寫進錯誤筆記本中

如果遇到有不懂的專有名詞，則可以另外做一本專有名詞筆記，或者在課本上用螢光筆標記，再貼上寫有解釋的便條紙也可以。這樣一來，在閱讀教科書時，隨時都可以對專有名詞加以確認。千萬不要直接抄辭典上的解釋，而要在孩子確實理解之後，用自己的話寫上去，這樣才能記得久。

3. 徹底讀通參考書

社會科的參考書籍可以扮演老師的角色。參考書上有許多可以讓人更容易理解的補充說明與參考資料。選擇參考書時，記得要選說明有趣且豐富、圖畫或者照片多、質感好的書。

4. 記憶口訣

孩子之所以討厭社會科的理由，就是有很多要背誦的內容。如果可以用有趣的方法記憶，他們根本不會感到厭倦。其實還有運用口訣、聯想法等等背誦的各種方法。

▲出題搶答的遊戲式記憶

以互相出題搶答的方式，最好由同年級的孩子四、五人進行最恰當。四、五個人先設定範圍，每個人各準備十個問題，即使重複也沒關係，反覆練習自然可以達到記憶的效果。這時，如果遊戲規則是答錯的人要接受處罰，那麼孩子們就會因為遊戲產生印象深刻的記憶。

當然，我們要把這樣的處罰遊戲看成是對學習有幫助的。舉例來說，將歷史用搞笑口吻或卡通人物的聲調唸出來，讓大家笑一笑，如此一來，孩子就會記得這些內容。

▲運用地圖玩記憶遊戲

讓孩子們圍坐在地圖旁，互相比賽看誰找地名找得快。這樣一來，不但氣氛很熱絡，孩子連帶地也會感到很有趣。或者是當鬼的人說出某種物產的名稱，其他人就要找出符合的生產地。答錯最多的人要接受處罰，也可以讓孩子在趣味中，記得遊戲內容。

運用上述的方式，花點功夫就可以讓社會科的背誦變得很有趣。

5. 重點要整理在筆記本上

請參考前面「6整理筆記的重點」。

6. 理解學習目標並用自己的話回答

面對新單元最好要先了解學習目標，但大部分的孩子都是直接從內容開始學習的。所以，我們可以等到孩子學習告一段落之後，再讓他理解學習目標，並試著要孩子將讀過的東西講出來，這樣就能確認他是否達到這些目標，其中有沒有不足的部分。透過再一次的檢驗，可以正確掌握孩子在本單元必須學會的東西。

▲理解學習目標再回答的範例

學習目標：調查博物館的種類與工作內容，並進行說明。

孩子的說明：博物館主要是收集、保存並展示祖先留下的遺物的地方。透過博物館，我們能夠可以了解到祖先們生活的方式以及文化。博物館主要可以分成綜合及專門博物館。綜合博物館是展示各個領域資料的地方，在那裡可以看到多種展覽品。國立中央博物館、國立民俗博物館都是屬於這一類。專門博物館則是指收集特定領域的展品。這些博物館會根據人們想要知道的不同主題進行研究。博物館的種類有農業博物館、泡菜博物館、鐵路博物館等等。

7. 評量練習，確認實力

經過上述過程，並作評量練習，考試作答時可以應付自如。

8. 將寫錯的問題整理到錯誤筆記本中

將寫錯的題目整理到錯誤筆記中。關於整理方法，請見前面「6整理筆記的重點」。

這樣學習社會科，孩子應該會覺得學習變得簡單又有趣。

10 自然科從觀察、問問題開始

自然科要按照各單元進行深度學習

數學是環環相扣的學習型態，社會是螺旋型的學習型態，那自然科就是分門別類的深入學習型態。自然科的課程內容是從小學到高中互相有連貫的，各個領域的知識都會隨年級增加而加深其難度。所以一定要讓孩子對於剛開始學習某方面的科學知識時，儘量深入學習，這樣一來，年級越高，學到的知識越複雜時，孩子就能有餘裕地輕鬆學習。

例如生物科的學習是從小學三年級開始的，學習內容包括對植物的觀察、蝴蝶一生的變化等等。為了讓學習過程更加輕鬆，在一、二年級時，一般課程就安排了關於花、人體構造、各個季節的動植物、動植物的成長變化等單元。

小學一、二年級時，關於自然科學的學習內容都是非常輕鬆有趣的，而且，課本上還放了許多一般常見的動植物照片，所以不需要額外花時間去讀。教科書上出現的問題大部分是諸如「到花園去可以看到什麼？」「草地上有什麼？」「哪些東西會在天上飛？」之類的，這些一搬孩子都可以輕鬆回答。

所以很多家長都會認為自然科只要等到孩子升上高年級之後，再好好讀就可以了。但請各位細想：為什麼低年級的課本上只放一些日常生活中隨處可見的動植物呢？其目的不外乎是先讓孩子從常見的動植物入門，比較不陌生也能讓孩子更容易接受自然科學這個領域。所以時間最充裕的的小一、小二，是最適合入門自然科學的一個時期。

多觀察、多感受是自然科的學習捷徑

自然科是與我們切身最相關的一個科目。自然科是由「為什麼？」這個簡單的疑問開啟的。「為什麼天是藍的？為什麼草是綠的？為什麼會下雪？」等類的疑問，一旦開口發問之後，問題就會一個個緊接著來。孩子透過自然科學習自然的法則。但是，「為什麼？」也不是莫名其妙出現的，而是要多觀察多感受外在世界，才會引發這樣的疑問。就像看到母雞孵蛋之後，自己也學著孵蛋的少年愛迪生一樣，孩子們很容易對事物產生好奇。所以自然科要學好的先決條件，就是多看、多感受。

此外，也要透過多閱讀以累積科學常識。蘋果是因為地心引力才會往下掉、地球因為公轉以及傾斜的角度才會產生四季等，其他包括能量、物質、各種生命體、地球與天體等等，多方閱讀科學類的書籍是必要的。

敏成與志賢是同一所小學的學生，學習的課程類似，學習意願也差不多。但是進了國中之後，兩人的自然科學分數越差越遠。雖然敏成從小學一年級起就很用功，課本都讀得很紮實，但是不知怎地，跟志賢的成績差距卻越來越大，甚至到後來根本追不上。

我們回溯敏成跟志賢的小學一、二年級時光。敏成與志賢的起點是相同的。他們之前都沒有特別讀過自然科，而且父母也不特別具備相關造詣。敏成很認真地預習與複習上課相關內容。就跟其他科目一樣，他從小就與媽媽認真背誦課本上的自然科內容。

媽媽：水裡有哪些生物？

敏成：蝌蚪、泥鰍、浮萍、鯉魚……

媽媽：水裡面有哪些植物？

敏成：香蒲、浮萍、水蘊草……

媽媽：你今天也很棒喔！現在你都知道了，我們來寫一些評量吧。

敏成：媽媽，那些題目都太簡單了。我一定可以拿一百分，沒問題。

另一方面，志賢的爸媽看了他的課本，發現那些圖雖然簡單，但志賢該學的應該不只限於課本的範圍。於是，他的父母就找了很多與生物相關的圖書，帶著志賢一起閱讀，並且用下面的方式整理了動植物的特徵。那時因為志賢只是一年級，所以寫的東西很簡單，只讓他看完書之後，試著寫一行特徵說明。他們還會到池塘邊去直接觀察植物與昆蟲，週末時，則會到動物園去拍攝動物，再加以整理收集起來。

在學習植物種子單元時，他們收集向日葵、波斯菊、茉莉的種子，風乾之後，用膠帶貼到筆記本上。對於容易種的小蕃茄，他們自己用小花盆來種，直接讓孩子觀察果實結成的過程；學到關於動物的冬眠時，則閱讀相關書籍做課程內容的補充教材。

有一天，志賢在書上看到，青蛙要冬眠的時候，會以翻滾的方式將泥土蓋到身上，令他大為吃驚。幾天之後，他偶然在野外看到一隻正準備冬眠的青蛙，高興得跳起來，完全難掩興奮之情。

因為志賢的父母知道，自然科的學習需要相當時間累積才能深入，所以會提早準備一年級到六年級的自然課本，預先找下一年度的學習內容讓志賢看，並且找機會親身體驗。另外，關於物質與能量、地球等重要的學習範圍，他們也都是用相同的方式讓孩子學習。

這樣一來，志賢跟單純只使用教科書、參考書學習自然科的敏成，兩人之間的差異當然越來越顯著。低年級的時候，兩個人在自然科考試中都拿一百分。但是到了高年級或進入國

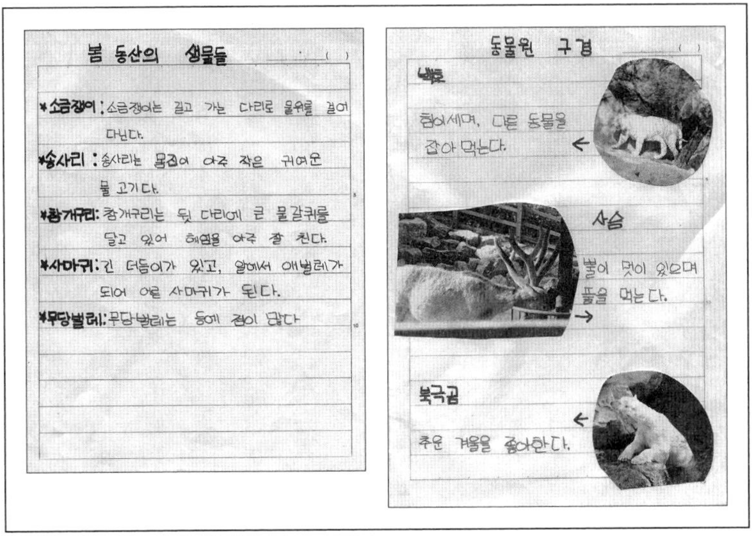

生活在春天山上的生物

＊水黽：水黽用長長的腳在水上行走。

＊大肚魚：很小很可愛的魚。

＊金線蛙：後腿有很大的蹼，所以游起泳來很快。

＊螳螂：有很長的觸角，由卵變成幼蟲，然後長大成成蟲。

＊瓢蟲：天牛的背部有很大的圓點。

參觀動物園

白虎

很有力氣，吃其他動物。

鹿

有很帥的角，吃草。

北極熊

最喜歡寒冷的冬天。

中之後，大家才知道，原來當初同樣的一百分，背後意義是完全不同的。像志賢這種方式的學習，學起來是有趣的。像敏成一樣用功念書的孩子，剛開始雖然可以靠用功拿到好成績，但等到內容越來越深時，對於他來說，準備自然科考試就會變成痛苦的事。

或許有人會認為，志賢的媽媽太過積極，而且可能科學知識比其他人豐富，才能辦到這些事，其實不然。上述志賢父母所下的功夫是只要有心就可以辦到的。只要對孩子有足夠的關心與愛，不論是誰都絕對能做到。我們並不是要您照顧孩子一輩子，而是要做好孩子的小學階段。如果這樣說各位父母還是沒有自信，接下來，我們就為您介紹自然科的簡單指導法。

在小一、小二時，只要像志賢父母一樣，讓孩子多看科學類書籍，並將學到的東西簡單地紀錄下來。另外，盡量讓孩子到大自然裡去觀察自然現象。一年級到六年級的小學階段，讓孩子常常看課本上的圖畫或照片。雖然我們不需要清楚了解課本上的每一個細節，但至少要知道各個年級的學習目標，如果剛好在報紙或雜誌上看到相關的圖片，就收集起來當作參考資料。收集到的東西可以夾到教科書的相關單元當中。這些事情可以提示孩子怎麼做，當孩子如實做到時，給予獎勵就會很有效果。

全家可以利用週末，參考教科書中的內容，到附近的池塘或郊外走走，讓孩子可以輕鬆且快樂地觀察。請記住，並不是父母自己的科學常識夠豐富才能夠讓子女好好學習。想辦法將麻煩與疲累暫時拋到腦後，多花點功夫就可以辦到了。當然就如同社會科的主題學習之旅一樣，如果能夠事先把相關知識準備好，一定比漫無目的地玩耍要來得有效果。

準備自然科教具

小學自然課會進行各式各樣的探索活動。進行活動之前可能要事先準備東西，如果事先沒有準備好帶去學校，那麼，上課時孩子就只能在一旁發呆，無法一起參與活動。

基城家裡一大早就展開了一場戰爭。因為這天早上他們睡過頭了。

基城：媽媽！慘了啦，已經八點了。

媽媽：是嗎？那你把玉米片加到牛奶裡吃一吃，趕快去上學。

基城：早餐不重要啦！今天自然課要帶東西到學校去。如果不帶的話會被罵，還會被罰掃廁所。

媽媽：要帶什麼去？

基城：要帶長的棒子。

媽媽：長棒子？為什麼？

基城：不知道。反正老師說帶長棒子去就對了啦。

媽媽：知道了。媽媽幫你準備東西，你快點吃早餐，吃兩口也好。

基城：對了，我們還要帶顏料，圖畫紙跟調色盤。（這時媽媽開始發火了。萬般提醒孩子，前一天就要把隔天上課需要的東西準備好，竟然每次都拖到最後一刻才急忙說出來。）

媽媽：我昨天問你有沒有需要準備的東西，那時你說沒有，為什麼現在才想起來！

基城：媽，現在重要的是把東西準備好。要罵我的話，回家妳再罵我好了。

媽媽雖然生氣，但還是只能強忍著怒氣，幫基城準備東西。家裡沒有適合的長棒子，只好把夏天用的補蟲網的網子拆下充當。其實長棒子是要在自然課的時候測量水平用的，補蟲竿太長，而且也不夠扁平，根本沒辦法用。結果那一天基城花了一整堂課的時間用鋸子把竿子鋸平，不但沒學到測量水平的方法，課也沒有好好上。

試想：如果父母與孩子在事先對未來的課程大綱有所了解，同樣的情況就不會發生了。雖然父母也需要用心，但更重要的應該是培養孩子主動準備學習用品的習慣。

按部就班征服自然科

讓孩子多方閱讀各種相關教材與實地體驗，如此一來，要讀通教科書絕非難事。以下就讓我們來探討征服自然科的步驟。

1. 閱讀相關教材並收集資料

很多孩子打從一開始就希望將教科書的內容全部背下來。但是，自然科是需要思考的科目。自然科的學習，是透過發問「為什麼？」來發現這個世界的真理，如果一開始就用死背的方式，那麼，孩子會認為自然科學很困難枯燥。自然科學書籍中會有各式各樣的圖表，如果不能充分理解，會覺得自然科更加無趣。

想要學好自然科，只讀教科書絕對不夠。一定要廣泛涉獵各種科學書籍資料，具備基本知識。在新學期開始之前，可以事先預習教科書，然後，配合學校的進度，閱讀相關書籍。舉例來說，三年級上學期要學磁鐵，那麼，就可以讓孩子先閱讀磁鐵相關書籍，將會有很大的幫助。

再來，要做的就是搜集資料。平常如果在報紙或科學雜誌媒體上看到相關資料，請先收集、記錄起來，之後在學習相關單元時拿出來對照，一定會很有幫助。

2. 徹底讀通教科書

多看多讀，掌握某種程度的自然科背景知識之後，讀通教科書就不難。這時候，千萬記住，不要急著強迫孩子把課本背下來，重點在思考「為什麼會產生這個現象？」教科書上的每一句話都要充分掌握內容並消化，尤其是要特別仔細研究圖表。看圖表的時候，必須能夠解釋圖表上每個數字代表的意義、整體概要等，因為圖表裡通常隱藏了許多考題。

3. 搭配參考書做練習

參考書中會有針對教科書內容的詳細解釋與背景知識。請讓孩子多精讀幾次，以完全了解其內容。如果碰到看教科書無法理解的原理，只要做做參考書的例題就能輕易了解，所以這些例題絕對不能放過。在選擇自然科參考書的要點，也跟社會科一樣，要選擇解說詳細、資料齊全、圖片與照片較多的比較好。

4. 整理自然科專有名詞

孩子對於自然科學習感到疲乏的決定性原因，就是被專有名詞卡住。以小學五年級的課程來說，內容包含光的直射、入射、反射、折射、溶解、溶液等等名詞。升上六年級之後還會出現溶媒、溶質、熔融等更難的名詞。這些名詞看來都很相似，但基本定義都各不相同，也因此更增加了理解的困難。舉例來說，重量與質量，速率與速度，分子與原子，溶解與融解等等，如果沒有深入了解專有名詞的意義，就會造成學習上的困難。了解這些名詞的定義，對於概念的掌握就會有很大的幫助。例如，溶解與融解，前者是物質分散到溶劑裡面，後者是物質受熱而改變形態，意義完全不同。另外還有一個熔解，也跟溶解的意義完全不同。

父母可以協助孩子做一本專有名詞集，每當碰到這些名詞的時候就去查意義，然後統整在筆記本中。如果是源自英文的專有名詞，則可以標註英文。也可以去查參考書，將某些名詞在科學上的特殊用法寫下來。這樣詳細地整理，還要時常拿出來看，將對之後的自然科學習有加分的功能。研究自然科學時必須先與專有名詞搏鬥，征服專有名詞才能征服科學。

5. 將重點整理到筆記本上

除了專有名詞讓自然科的學習有困難之外，它也像社會科一樣，有許多需要記憶的東西。但是如果是自然科用社會科背誦地名或特產的方式去記憶，一定會碰到麻煩。例如，如果有人問你韓國哪裡生產最多竹製品，你再怎麼拼命地想，也不可能想出答案。只要有人跟你說答案是潭陽，你聽了也只要去接受這個答案就行了。如果想了解更多，可以上網查詢。但是，學習自然科時，如果不懂原理，只是硬背，是不可能學通自然科知識的。應該要先了解原理再記憶，才是學習的意義。

例如，在自然課學習海洋與陸地的風向之時，可以用以下方式整理筆記：

◀**自然科筆記整理範例**

項目	白天	夜晚
表面溫度	陸地＞海洋	陸地＜海洋
風向	陸地←海洋 海風	陸地→海洋 陸風

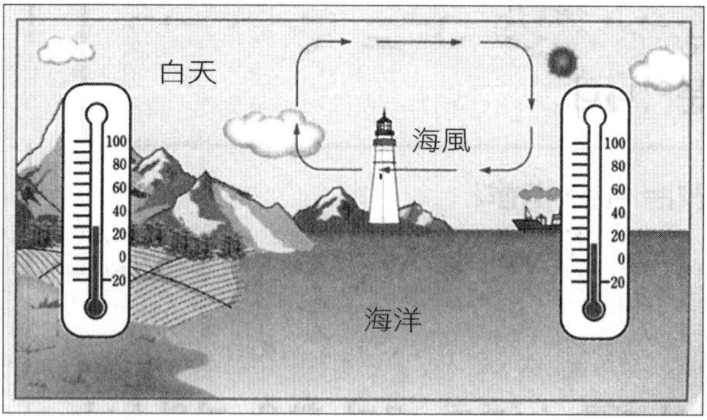

白天陸地會比海洋溫度升高得快。溫度升高後，地表附近的空氣會向上昇，所以上方形成高氣壓，下方形成低氣壓。陸地上方形成高氣壓之後，空氣會向氣壓較低的海面上方移動。移動到海面上方的空氣再度冷卻，降到海面下方。海面下方聚積了許多空氣，形成高氣壓，海面下方冷卻的空氣會往氣壓較低的地表移動，所以就會吹起寒冷的海風。

筆記整理好、寫好也了解以後，經過一段時間，恐怕又會忘記白天吹的是海風還是陸風了。為了便於長期的記憶，請孩子將上面的敘述改寫成故事，範例如下：

> 從前，有一個住起來很舒服的村莊，叫做空氣村。這個村子的一邊是適合玩耍的廣大平原，另一邊是遼闊的海洋。某個陽光燦爛的日子，孩子們在陸地上玩足球，其中一個孩子流著汗，拼命喊熱。這樣一來，其他孩子也都開始覺得熱，想要到清涼的海中去游泳。所以空氣村的孩子們就都坐上了熱汽球升到高空，一面哼著歌朝大海飛去。孩子們一看到熱汽球底下出現涼爽的海洋，就接二連三地開始往下跳。一個個撲通撲通地跳進大海之後，大家才覺得剛才的熱解掉了。但是因為跳下來的孩子實在太多，沒辦法游泳了，所以只好坐上經過的遊艇回到陸地上。這時大約是下午兩點，從海裡坐船回到陸地上的孩子臉上都散發著光彩。白天空氣從海的方向往陸地方向移動，叫做海風。晚上從陸地吹向海洋的風，稱為陸風。

以上故事不用全部寫進筆記本裡。但如果寫到筆記裡記住，復習的時候，應該很容易想起來，記憶原理也很容易。請記住，一定要讓孩子自己編故事。孩子在編故事的過程中，會自然而然地將內容記憶下來。

6. 閱讀學習目標並用自己的話回答

只聽老師講解的學習方式，絕對比不上孩子在理解後，以自己的理解狀況重述的學習方式要來的有效率。因為孩子必須在說明之前，將自己的想法先整理一番，然後排定先後順序。讓孩子在理解學習目標之後，試著將已經學到的內容用語言表達出來。從解釋專有名詞開始，然後對課程的說明也得要求孩子要解說得合乎邏輯。如果能活用學到的背景知識，輔以科學性證據進行說明，那麼自然科將是一門非常有魅力的學問。

學習目標：了解氣壓造成空氣流動的情形。
孩子的說明：氣壓是由空氣的重量而產生的壓力。如果氣壓比周圍高，就叫做高氣壓，比周圍低，就叫做低氣壓。空氣會從高氣壓往低氣壓的方向移動，這個現象稱為風。因為離地高度越高，空氣就越稀薄，氣壓也就越低。所以如果有人突然跑到高處，耳朵會產生不適的現象，這就是因為氣壓的關係。

7. 練習評量確認實力

經過上述過程整合各項問題集，那麼面對考題，孩子一定可以輕鬆應付。

8. 將答錯的問題記錄在錯誤筆記本上

將答錯的題目整理到專門記錄錯誤的筆記本上。方法請參考「6整理筆記的重點」。

11 營造多聽多練習的英語學習環境

英語萬能的世界

現在的亞洲各國可說是處在英語學習的熱潮中，市面上每天都有數十種新的英語教材或新的學習法出現。但即使有這麼多的新工具，英語教育卻始終處於貧乏的狀態中。為什麼要學習英語？要學習到什麼程度才足夠？要怎麼學習？這幾個問題一直沒有明確的答案。大家都說一定要學英語，進而造成了一種風氣，讓人們還沒作好準備，就一頭栽進英語的汪洋大海之中。面對這樣的環境，我們該怎麼辦呢？

第一、我們要讓孩子對英語感興趣，再進一步，讓孩子擁有基本的溝通能力。

第二、對於日常生活與一般文化習俗，要讓孩子自然而然學能理解。

第三、理解國外各種新知，並養成活用資訊的能力。
藉由理解外國文化這件事，並回頭重新認識自己的文化，以培養優質價值觀。

以上就是韓國針對小學到高中所設定的英語教育目標。但實際情形又是如何呢？這樣的目標對於國、高中生，甚至大學生來說，充其量不過只是一個夢想而已。為什麼呢？那是因為新目標與幾十年來仍然沒有獲得解決的入學考試制度相互矛盾所致。要達成上述的目標，所不可缺少的是要利用各種不同的教育方法，並透過多樣化的評量方式以提升學生的英語溝通能力。但事實是現在的學生都只在乎與升學相關的筆試成績。在這種教育環境下，要幫孩子們培養出實質的英語能力，就只能將希望寄託在父母身上了。

英語並不是韓國小學的正式科目，而且在小學時也不會進行正式評量，所以關心孩子實用英語會話能力的父母們，會在五、六年級時，為了幫孩子找專教文法與閱讀的補習班而憂慮。由此看來，在父母心中，日後的英語成績似乎比說英語的能力更重要。因此當孩子進入國中之後，大家要求孩子讀英語的方法跟內容都會有一百八十度的轉變。官方英語教育目標「溝通能力與對文化的了解」似乎不再有人關心，剛開始學英語時的有趣經驗也全都消失殆盡，從此，孩子將面臨背也背不完的單字，與熟練比科學定律更難的文法。

二〇〇四年1月，釜山的高中代表一行20人前往中國上海復旦中學等三校進行訪問。在這場「釜山・上海教育友好交流活動」中，釜山市教育廳從各校選出最具英語實力的學生參加活動。學生們都認為自己是萬中選一的優秀學生，於是小看中國學生。但到現場一看，發現中國學生說英語的程度竟比韓國學生強好幾倍，於是大家開始沮喪。中國的學生代表既不是以英語為主的高中所派出的學生，而且，平常的課程也只有不過一半的時間在學習英語而已，居然有這等程度，令所有的韓國學生大為震驚。

這是只重視理解能力而忽略溝通能力的韓國式英語教育所招致的弊害，除此之外，還有大部分的學生畢業後，竟然還得因為工作需要，自己另外負擔相當的費用才能繼續學習英語，導致增加生活上的負擔。根據韓國人力仲介業者 Job Korea 在二〇〇三年12月以上班族為對象實施的調查結果顯示，十個上班族當中，有五個人下班後在學習外語，平均每人每年總共要花費 154 萬韓圓（約44萬台幣）。所學習的外語比例分別是，英語60%，中文16．5%，日文為14．1%，由此看來，學習英語還是主流。

這樣情況看來，英語教育牽扯的不只是學生的家長，更擴大為社會問題。不但影響了家庭經濟，也嚴重威脅了國家的競爭力，為了國家的未來，我們只能攜手與英語做好朋友。到底該怎麼做才能在低花費的情況下，得到最大的效果呢？

關於英語的教育環境

▲英文不容易學習→必須花時間反覆多練習

大部分科目的學習，都是先了解原理然後才進入應用層面，英語則是反過來從應用層面開始學習。以數學為例，當我們學會圓形面積的計算公式為半徑×半徑×3.14之後，任何圓形只要知道半徑，都可以算出面積。

英語不同，即使熟悉了文法，也不可能知道所有的表達方式。英語不像數學或自然一樣，可以經由思考、計算然後導出結果，學習英語等外文的特徵是經由練習累積經驗，才能越來越純熟。也就是說，必須針對家中、學校、餐廳或是戶外等各種不同情境下，做適當的練習才能學好英語，因此，比起其他科目，它需要投注更多的時間與精力。

依照美國國務院的附屬教育機構ＦＳＩ（Foreign Service Institute）研究指出，要培養出一個可以用外國語處理所有狀況的外語專家，至少必須花 4,300 小時。如果每星期都花五天，每天花一個小時，總共需要十七年才能達成目標。但是，在韓國，從小學到大學的英語課程時數全部加起來，也不過才 900 小時。

請記住，英語絕不是可以速成的科目，必須要花時間紮實地學習。

▲對我們來說英語非母語而是外國語

學習英語的環境大致可分為三類。首先是當作母語學習，其次是當作第二語言學習，第三就是當作外國語來學習。美國、英國、加拿大、澳洲等是將英語當作母語學習的國家；香港、新加坡、印度、菲律賓則是當作第二語言學習（ESL：English as a Second Language）的國家。韓國、中國、日本等則是當作外語來學習（EFL：English as a Foreign Language）的國家。

將英語當作第二語言學習的國家，他們的孩子小學畢業時，通常都可以用英語作基本溝通。這是因為學校裡學到的英語可以應用到生活中。但是，將英語當作外國語學習的日本、韓國等國家，即使大學生學習英語已超過十年以上，但要達到能溝通的程度，卻仍有困難。這就是因為沒有可以使用的環境所致。

因此，一旦要孩子學習英語時，父母一定要活用各種視聽教材與多媒體來引起孩子對英語的興趣。此外，還必須利用英文報紙當作教材、在網路上交筆友等方法，藉以創造每日運用英語的機會，才能夠克服目前的學習環境。

首先要引發孩子的興趣

小學的英語教育最重要的是，要引發孩子對學習英語的興趣。要讓孩子不但對英語有興趣，還能培養出溝通的基本能力，首先英語學習就必須夠簡單、夠有趣。為了引發孩子的興趣，我們建議盡可能利用遊戲、電腦遊戲、角色扮演、歌唱等方式。對於剛開始學英語的幼兒或小學低年級的學生來說，多媒體教材的效果是最好的。

剛開始教英語的時候，如果從認識字母開始，孩子一下子就會沒有興趣了。別忘了！我們學習母語的時候是早已經具備某種程度聽說能力，然後才開始接觸文字。請想想看，對於牙牙學語的小孩，你就拿著寫有文字的卡片逼他學，會有什麼結果？

所以，我們認為剛開始應該先讓孩子接觸聲音語言，然而就像之前提到的，目前亞洲的大環境，並不是讓人可以透過大量接觸聲音語言的環境。就因如此，透過多媒體的教材創造出充滿英語的環境，是值得鼓勵的。利用多媒體教材，以遊戲的方式進行學習，既有趣又能夠學到正確發音。透過歌曲或詩的吟唱，也可以讓孩子自然熟悉句型或語調，以提高孩子的成就感，他們也會越來越有自信。

英語實力可以藉由閱讀累積

如果孩子對英語有了某種程度的學習興趣與自信，那麼就等於已經做好熱身運動了。接下來，就可以進入另一個階段。英語要講得好，就要有能足夠活用的詞彙量，還要對正確的語法不感到吃力才行。要達到這樣的目的，就必須背誦大量的詞彙，還要對各種句型等表達方式有所了解，因此，多使用附有錄音帶的故事書或繪本是最好的。

我們在教幼小孩子說母語的時候，通常會多說話、多讀書給孩子聽，也鼓勵孩子多說話，因此慢慢地增加新的詞彙與運用新的表達方法。透過這種方法學會的東西絕不會輕易忘記。學英語也可以仿照這樣的方法，多聽多讀多運用，再試著把想法寫出來，自然就會越來越熟悉英語。

小時候充份閱讀的孩子，之所以適應升學壓力，是因為透過閱讀帶來的知識，能夠幫助他輕易理解更高深的學問。英語也是一樣，如果能透過書本的間接體驗、擴大自己的詞彙量，做各種句型的練習，一定可以獲得非常大的幫助。

如上所述，教育課程目標與考試制度之間存在著矛盾，所以最適合培養英語能力的時期，就是在還沒受到考試影響的小學時期，請各位父母一定要把握最晚到國一前的黃金時期。希望父母們能將眼光放長遠，將讓孩子學習英語的最終目的設定在未來孩子上大學或上班後，面對學習新知或各種活動都能毫無阻礙地使用英語的結果之上。如果只把眼光放在應付考試，到最後孩子一定會碰到挫折的。除了要付出學習英語的補習費之外，還會懷抱些許遺憾，所以一定要把目標放長遠。

英語不是靠死記，而是靠練習累積的。多方體驗的人，英語說得比死記硬背的人更好。所以不要把英語當成一種記憶的學習，從一開始就要抱持多方練習的心態，不斷地努力。

以下讓我們介紹運用英語書籍練習的方法。

●善用英語有聲書練習聽與說

首先要多聽。聽越多越好。而且與其聽很多種不同的教材，不如選定一種教材反覆地聽更好。孩子剛開始學英語的時候，家長會因為著急而買多種有聲教材給他們聽。尤其當父母跟親朋好友的孩子一比較，總是會發現自己買的教材太少，而急忙補充其他教材。

關於英語的學習，特別要注意的是，越晚起步的孩子越是需要小心翼翼地引領入門。因為語言的學習不會是加速進行的，父母必須要有耐心地等孩子具備一定的能力。初學時，聽力最是重要，必須選定一種教材持續聽到膩。小學低年級的孩子，可以選擇有一百個單字左右的書籍，讓孩子聽五十遍，之後孩子就可以完全模仿正確的英語腔調和發音。這個階段還不需要孩子表達出自己的想法，只要讓他們反覆地聽，並且像九官鳥一樣覆誦就好。如果硬逼著孩子聽五十遍，孩子也是會煩的，可能造成孩子抗拒聽英語，所以這時候父母一定要非常有智慧地處理。

如果毫無目標地要孩子聽同樣的東西，孩子一定會厭倦，所以我們可以製作以下的計畫表，每聽一次，就讓孩子在上面做一個記號。如果自己一個人聽會覺得吃力，就請爸媽在旁邊陪伴一起聽，或者也可以找同年齡的夥伴一起聽。我們將目標訂在每個月看一本書，所以將書的內容分成四等分，每星期聽四分之一。也可以依據孩子的學習能力，將內容調整為三分之一、甚至二分之一。重點是每天的目標務必要達成。

如果每天聽五遍，邊聽邊跟著唸三遍的話，六天總共就聽了48遍。星期天休息一天，第二週開始就從四等分的第二部分開始聽起。這樣過了四週之後，就等於一個月將一本書聽了50遍左右。此外，吃飯的時候或者孩子發呆的時候，也放英語有聲書給孩子聽。

以上計劃表是以一個月為單位編寫而成，這裡所舉的例子是週計畫表。如果沒有訂計畫，孩子會認為可做可不做，所以一定要清楚訂計畫並實踐。如果真能按照此計畫實行，那麼孩子一定會很有成就感，而引發學習動機，讓孩子長久堅持下去。

就像我們每天會在固定的時間吃飯一樣，練習英文的時間也要固定。日期跟頁數都讓孩子自己去填，每聽一遍，自己就做一個記號。跟讀的時候，每聽完一句，就暫停錄音機然後大聲唸出。要盡可能完全按照有聲書的發音唸。

年　月　英語故事書練習週計畫表

跟自己的約定！

1. **固定的英語練習時間。**
2. **不達目標，絕不吃飯。**
3. **每天給媽媽簽名。**

教材名稱：

練習時間：

日期 課程	星期一	星期二	星期三	星期四	星期五	星期六/日
日期						
頁數						
聽 （每天五次）	○○○○○	◇◇◇◇◇	□□□□□	⊙⊙⊙⊙⊙	☆☆☆☆☆	△▽△▽△
跟讀 （每天三次）	○○○	◇◇◇	□□□	⊙⊙⊙	☆☆☆	△▽△
寫	單字(5 次)○ 文章(1 次)○	單字(5 次)◇ 文章(1 次)◇	單字(5 次)□ 文章(1 次)□	單字(5 次)⊙ 本文(1 次)⊙	單字(5 次)☆ 本文(1 次)☆	單字(5 次)△ 本文(1 次)▽
簽名確認						

之所以要讓孩子進行跟讀，是為了讓他們熟悉英語的語音，並自然而然學會句型。如果每唸完一句就停下來跟孩子解釋，反而會對這種自然熟練的方法有所妨礙，所以只要知道內容的大意就行了。

按照上面所說，聽五遍再跟讀三遍之後，接下來要將新單字寫五遍。最後再將整個課文在筆記本上抄一遍，一天的練習份量就足夠了。之後，父母務必要進行確認。所謂確認不是監視孩子有沒有犯錯，而是要表現出稱讚、欣賞與關心。如果能扮演好這個舉足輕重的角色，將會為孩子累積一生資產。

如此堅持下去，每個星期更換練習範圍，每天都實踐聆聽、跟讀、寫單字與句子，之後當聽力進步到某種程度，也可以練習跟著錄音帶同時唸出句子。這樣一個月下來，孩子不知不覺就可以記得大致的內容。接著再選擇孩子最有自信的一頁要他背出來。如果只是耳朵聽得懂，沒有用嘴巴練習說出口，是沒有辦法內化成自己的語言的。鼓勵孩子選擇他覺得最有趣的部分背起來。如果孩子覺得一個人背書很吃力，可以跟同學、朋友們一起背，然後可以辦一場小小發表會。這樣的發表會是讓孩子得到成就感與自信的良好機會。

孩子如果能適應這些練習，我們就可以慢慢提高書籍的難度。適應力佳的孩子，通常每個月都能完成一本書，但如果不是這樣，也請不要心急，讓孩子依照自己的進度慢慢來。如果能夠練習到四、五十本書左右，就可以輕鬆地消化內容約有350個英文單字的書籍。雖然每種科目的學習都是需要耐心，而且英語的學習尤其需要。耐心可說是成功學習英語與否的關鍵。數學可以在某段時間內，讓孩子提升到一定程度，但是英語是一步一腳印，有耕耘才有收穫的，所以英語程度落後者，幾乎不可能在短時間內追上別人的程度。剛剛介紹的方法，千萬不要只使用一、兩年就結束，整個小學時期都要讓孩子當成習慣，持續練習，這樣就可以用低廉的費用學好英文，也能自然而然地掌握英語圈的文化，真可說是一舉兩得。每天不間斷地練習聽說讀寫，就是使英語變好的捷徑。

●利用英聽教材練習聽與說

如果孩子的英語程度已經進步到每個月都能讀兩、三本故事書，那麼就可以依照個人的程度，找適當的書給他們學習。書籍種類有幻想小說、紀實小說、運動、科學、廣告、信件、說明書等多種選擇，在孩子五、六年級時開始使用是最好的。選擇書籍時也一定要選附有朗讀語言的，每天聽十五遍是基本功課。如果這些教材能好好運用，將能同時解決聽力問題，而且每個單元都會有閱讀測驗來檢視使用者的理解程度，對作文也很有幫助。因為每一篇的內容都很簡短，所以可以試著不看書將整篇文章寫出來，這也是練習作文的極佳方式。

聽力教材跟故事書一樣，需要訂定徹底的計劃並實踐。下頁的計劃表中，規定的練習次數是每天聽十次，跟讀五次，寫單字五次，寫全文一次，一星期可以進行兩個單元。但還是要注意個別差異，所以在開始之前，父母要先想清楚他們的適合練習時間與份量，最好不要讓孩子感覺很有負擔。孩子使用教材學習，父母還是必須每天確認孩子的進度才行。請記得，堅持持續做下去的耐力，才是讓人能順利攻下英語這座堅固要塞的關鍵。有一點很清楚的是，英語書籍讀得越多，越會讓孩子認為輕鬆看待英語，實力也會自然向上攀升。

年　月　英語有聲書練習週計畫表

跟自己的約定！

1. **固定的英語練習時間。**
2. **不達目標，絕不吃飯。**　　**教材名稱：**
3. **每天給媽媽簽名。**　　**練習時間：**

日期／課程	星期一	星期二	星期三	星期四	星期五	星期六/日
日期						
頁數						
聽	○○○○ ○○○○	◇◇◇◇ ◇◇◇◇	□□□□ □□□□	⊙⊙⊙⊙ ⊙⊙⊙⊙	☆☆☆☆ ☆☆☆☆	△▽△▽△ △▽△▽△
跟讀	○○○○○	◇◇◇◇◇	□□□□□	⊙⊙⊙⊙⊙	☆☆☆☆☆	△▽△▽△
寫	單字(5 次)○ 本文(1 次)○	單字(5 次)◇ 本文(1 次)◇	單字(5 次)□ 本文(1 次)□	單字(5 次)⊙ 本文(1 次)⊙	單字(5 次)☆ 本文(1 次)☆	單字(5 次)△ 本文(1 次)▽
簽名確認						

關於文法

英語分為聽、說、讀、寫、文法、文學等六個領域。通常我們說某個孩子的國語不好，是指他對句子的組成能力不佳，也就是作文寫得不好。而英語的文法對我們而言，更是不簡單的東西。如果說英語是一棵樹，文法就是它的樹幹，它扮演著培育堅強英語實力所不可或缺的角色。

如果按照前面所說的方法，讓孩子讀了許多英文書，那麼就可說孩子已經打好根基了。透過紮實的根基所吸收的水分和養分，亦即句型跟詞彙，就能沿著文法的樹幹生長，最終成為茂盛的樹木，也就是說孩子能用高水準的英語表達想法。透過學習文法，將讓原本已經習慣以英語思考，並以英語表達想法的技巧更成熟。文法要等到孩子具有一定程度的英語駕馭能力後再學，而才會更有效果。我看過不少因為學習順序相反，而產生反效果的例子。舉例來說，應該要對於本來就懂得的句子用文法分析，以掌握英語的規則，但如果是為了理解文法概念而將文章的表現方式當作工具來學，那麼學習文法跟正確的文章表現將都會變得很困難。

文法是了解英語的輔助工具。因此，小學階段最好能夠脫離文法自由地學習，這樣對未來的文法學習才會有助益。如果能透過閱讀大量的書籍接觸到許多漂亮的句子，並增強自己的詞彙能力，將根基打好，之後學習文法將會水到渠成，父母可以不必太過擔心。

第三部

培養孩子的基本學力

1 構築孩子的夢想

有夢的孩子才會長大

如果問孩子夢想是什麼，低年級的孩子總是能毫不猶豫地說出來，但是隨著年級增高，孩子卻越說不口。這是因為年紀越大越能分清理想與現實，而且，目前所要面對的，不是夢想，是學校的成績。

鼓勵孩子要懷有夢想，是因為不論夢想的結果如何，實現夢想的努力過程，以及想要實現夢想的熱情最是寶貴。沒有夢想的孩子，不會定下目標，沒有目標的孩子，在碰到困難的時候，很容易就放棄了。即使用功讀書也是一樣。有夢想的孩子，知道自己為什麼而讀書。這些孩子即使沒有人強迫他們用功念書，他們也會為了實現夢想而努力。

父母為了賦予孩子學習動機，會表現出對名次的期待，希望孩子能拿班上第一名或是全校前十名等。但這麼做卻會將孩子的夢想抹滅掉。為了達成目標所做的努力應是自己主動的。但是，如果父母不斷將期望孩子達到的名次掛在嘴邊，將會引發孩子與朋友間不必要的競爭心態。一旦成為第一名，反而會失去努力的目標。就像龜兔賽跑中的兔子一樣，耽溺於優越感中，反而容易讓孩子怠惰。班上不可能人人都是第一名，但每個人都可以達成自己的夢想。

用功讀書的孩子，就如同逆水行舟，如果沒辦法持續划槳，馬上就會被水流往下游沖走。但也並不是只要拼命划槳，船就會自然往前進。必須要有預設目的地，如此才能讓人在疲累中還持續努力。夢想就像燈光，能夠照亮黑暗中的道路，只要夢想不消失，熱情就不會熄滅。沒有夢想的人不可能成就大事。有夢想的人，即使只是小的夢想，也能夠努力達成。

面對父母的說教時，孩子最討厭的就是「快去讀書」。對於沒有思考過用功讀書的真正目的的孩子而言，他們根本無法理解，父母為什麼老是要他們用功讀書的理由。

孩子還小的時候，父母會讀書給他們聽，也會在身旁陪他們讀書，感情很好。但是，隨著孩子漸漸長大，學習的知識越來越多，內容也越來越難，父母能教導的部分也越來越少，又加上孩子的自我意識漸漸發展形成，為了讀書這件事與父母發生衝突的次數也就會逐漸增加。所以賦予孩子主動學習的動機是絕對必要的。對於讀書沒有動機的孩子，強迫他們讀書，就像是強迫孩子推著裝滿物品的沈重推車，父母還要在後面幫忙出力一樣。如果往後遇到了崎嶇難行的道路，雙方終究會因為受不了而放棄。但是擁有學習動機的孩子，他無論遇到什麼困難，都還是能朝著自己的目標不放棄地繼續努力。

接下來，我們來探討一下，讓孩子擁有學習動機的幾個重點。

從孩子喜歡的事物找興趣

俗話說：「有興趣就能變專家。」所以，與其讓孩子按部就班學習，不如找出他們的興趣。孩子喜歡的東西，跟他的性向有很大的關係。如果孩子在某一方面有特別的才能，父母應該盡早集中火力開發該項才能，這樣比強迫孩子做不擅長的事，還能帶來好結果。

要知道孩子的性向，做性向測驗是一個方法，但是年紀小的孩子更適合由父母直接觀察。依照哈佛大學心理學家霍華・嘉納（Howard Gardner, 1983）教授主張的多元智能理論，他主張人的能力是多元的，其中包括語言智能、數學-邏輯智能、內省智能、人際智能、身體動覺智能、音樂智能、視覺空間智能、自然智能共八種不同的領域。這些智能彼此相互影響而形成孩子獨特的人格，這種多元智能理論的核心在於各種智能都可以因為受重視而開發到一定的程度。

如果孩子做某些事情做得特別好，代表這孩子在該領域的智能比其他領域發達。音樂智能優秀的孩子，對聲音特別敏感，能夠輕易地分辨高低音；而身體動覺智能好的孩子，不用怎麼教，各種運動的表現都很出色。人生能獲得大成功的人，多半是父母在他小時候發現了孩子的特殊性向，之後針對該項領域特別培養。

所以絕對不要拿自己的孩子跟班上的數學天才比較，或是鄰家鋼琴彈得好的孩子做比較。與其急著與其他孩子比較，不如先找到孩子的性向，才是當務之急。了解孩子擅長的領域之後，還要先讓他懷抱夢想，再教他學習的方法。

個性善良的秉進是小學四年級的孩子，每次媽媽要求他坐好念書，他總是連十分鐘都無法專心。不但功課做不好，隔天的上課用品也沒準備好，考起試來總是答錯的多。媽媽強迫他一定要坐好讀書，他總是坐立不安地期待時間趕快結束，可以說是一個與成為好學生無緣的孩子。

但是，我們教了他幾天之後，就發現他有一種潛能。在學其他科目的時候，他連十分鐘都坐不住，只有學自然的時候，他表現出極大的興趣。所以，我們決定先讓他集中研究自然科。我們找來相關單元的輔助教材給他看，並讓他按照我們的方法整理筆記。

有一天，秉進滿臉笑容地從學校回來。那天他在學校獲得老師的稱讚。因為在上自然課的時候，他回答了許多其他同學都答不出的問題，還接二連三講出很多老師沒問的東西。正因為他事先有預習，所以能答出這些問題。當天他還高興得央求我們拿出書來多教他一些東西。這樣一來，他漸漸地對其他科目有了點興趣。對自然科的興趣換來老師的稱讚，這些稱讚又讓秉進對讀書開始產生興趣，形成一個良性循環，一年之後，秉進完全變成了一個用功讀書的好學生。各位父母，當您命令孩子去讀書之前，請先好好想想孩子喜歡什麼，然後引導他專心學習一段時間。從自己喜歡的科目開始，才能讓孩子持續走完漫長的學習之旅。

讓孩子認識各種職業

很多人會認為，跟小學生談未來職業的事還太早，其實不然。小學畢業之後，國、高中的生活只有六年。而且升上高中二年級之前，就必須決定自己將來大學科系的走向，甚至有的私立中學在國三的時候就會要求學生做出選擇。仔細想想，孩子能靜下心來好好思考自己未來的發展方向，好像就只有國中時期而已。曾思考過自己未來的孩子，與從來沒想過的孩子相較之下，前者對於讀書的未來目標很清楚，使得他們願意傾注所有的熱情。

如果問孩子未來選定某種職業的原因，他們一定會回答：「看起來好酷啊！」「可以賺好多錢！」這種未經過深思的答案。幾乎沒有孩子對社會上的各種工作有深入的了解，所以只看工作表面就產生很多不實際的幻想。等到他們長大之後，發現事情並不是那麼一回事，幻想就會破滅，長久以來所懷抱的夢想也就隨之動搖了。到後來孩子很可能不是按照自己的性向，而是按照成績來選擇出路。這就是很多年輕人在青春期之後的第二徬徨期。

最近許多孩子都想當明星，這是電視節目所造成的效應。孩子無法簡單得知父母或其他大人的職業世界以一窺究竟，而最常接觸的明星又具有強烈的吸引力，自然而然就立下明星志向。

學者多出自學者之家，是因為孩子從小就看到學者的生活模式，這種生活賦予他們動機而造成他成為學者的結果。所以在父母強逼孩子選擇職業之前，首先要讓他們多接觸從事各種職業的人，有機會認識各種職業的內情。之後孩子會根據見聞的多寡進行思考，以確定未來方向。

世界上的工作種類實在太多了，不可能每一種都讓孩子清楚理解，所以要跟孩子一起讀對於各種工作簡單說明的書籍，讓孩子自己思考他適合哪一個領域。如果孩子對某種職業有點興趣，就要更仔細地讓他了解該職業是否適合自己的個性，未來前景是否看好，父母要多跟孩子談這類的話題，表現出自已的關心。如果可以更進一步，建議您一定要跟孩子一起找出某職業需要什麼樣的能力，而要具備該項能力需要學習哪些東西。如果孩子想成為國際律師，那麼最需要的就是法律知識以及英語實力，這樣一來，他們自己就會知道讀書的重要性與目標。

不要跟別人比，孩子要跟自己比

從父母的立場來看，將別的孩子表現好的情形講給自己孩子聽，似乎是在刺激他努力的動力。但是，當父母拿別人比較的時候，通常會傷害到孩子的自尊心。在這種情況下，孩子反而會覺得「我就是做不到」「反正別人比較厲害」，然後就容易放棄努力。

釜山市綜合諮商中心曾經發表過「最讓孩子傷心的八種話」。依據這份研究指出，「你哥哥都不會這樣，為什麼你會這樣？」之類拿兄弟姊妹來做比較的話，最讓孩子難過。

此外，還有「你給我滾出去！」（盛怒之下的氣話）、「你再給我試試看，看我怎麼教訓你！」（威脅）、「我快煩死了！」（催促的話）、「你以為媽媽是想生氣才生氣的嗎？」（藉口）、「你真是無藥可救了！」（否定未來）、「你怎麼會這麼笨！」（攻擊缺點）、「你用不著知道！」（忽略），這些都是孩子最不願意聽到的話。

有太多父母不關心自己的孩子做得好不好，只關心跟其他孩子比較的結果。如果老是拿成績跟其他孩子比，那絕對不可能看到自己孩子的優點。從孩子的立場來說，老是被比較，容易被孩子誤以為父母的眼中看不到自己，因而喪失自信。如果真心為孩子好，就絕對不要拿別人跟自己的孩子比較。

稱讚帶給孩子自信與成就感

就算念書再有趣，也不可能像兒童樂園一樣好玩。但是，人可以一整年持續讀書，卻不太可能在兒童樂園連玩一個星期，孩子一定會覺得煩。玩要是比讀書好玩，但如果持續一直玩也會膩，接下來就得找其他更好玩的東西。

雖然讀書的過程很辛苦，但如果能在用功讀書的時候獲得成就感，那麼讀書將是有趣的事。因為讀書不是刺激你的遊樂感官，而是讓成就感由內心中湧出。

要讓孩子體驗到成就感非常簡單。只要在孩子剛開始做某事時，真心地給予肯定就行了。最好的肯定方法就是稱讚。特別是剛開始的時候，如果父母不吝付出稱讚，將會獲得令人預料不到的好結果。

明姬在剛開始學寫詩的時候，常常很滿意地拿給媽媽看。媽媽看了之後，覺得那些詩寫得糟糕透頂。但是媽媽把自己的感覺隱藏起來，跟明姬說了以下對話：

明姬：媽媽！我今天在學校的時候寫了一首詩，老師要我拿給妳簽名。

媽媽：哇！我們明姬寫的詩怎麼這麼棒？我嚇了一大跳呢！妳以後一定可以成為很棒的詩人。妳是怎麼想到要這樣寫的？

明姬：（聽到媽媽稱讚，得意中）其實，我一開始也不知道怎麼寫。後來想到跟媽媽去海邊那天發生的事之後，我就會寫了。

媽媽：那妳要不要把這首詩抄到圖畫紙上，試著在旁邊畫一幅畫。這樣，媽媽就可以把它框起來掛在房間裡了。

媽媽話還沒說完，明姬就跑著去文具店買圖畫紙了。後來不只是詩，不管什麼文章，明姬都可以很有自信地寫出來。這就是因為得到媽媽肯定所帶來的結果。

孩子很容易因為小事得到大大的感動。特別是父母的一句稱讚，就可以引發孩子的感動。體驗過感動的孩子，即使遇到困難，會因為記得從前的成功經驗與感受，很快就能夠振作起來。只要有人相信自己，肯定自己，孩子就不會輕易放棄自己，不會失去自信心，最後就能完成夢想。

有自信的孩子能夠發揮比天生才能更大的能力。所以，如果不論任何事都有自信的話，內心的力量就會發揮作用，最後真正成為一個很有能力的人。

只要有自信，孩子讀書的態度就會轉變為主動。他們會知道讀書並不是只有辛苦的一面，花費越多努力所獲得的喜悅也就越大。如果孩子沒有體驗過努力後獲得的喜悅，就絕對不會了解何謂成功的果實。如果能夠繼續累積這樣的喜悅，學習能力就會提高，也會得到成就感，這樣的成就感最後會累積成巨大的自信。如此一來，學習就會成為一種習慣。

2 培養樂於主動學習的孩子

熱愛知識的孩子

如同不吃飯就會飢餓難耐一樣；如果你的孩子只要一段時間，不坐到書桌前讀書就會渾身不舒服，那麼他就是已經熱愛知識、樂於學習的人。這類孩子不需有人跟前跟後提醒，他會自動自發去讀書。他們唸起書來毫不費工夫。每天花一定的時間在學習上，對他們而言是理所當然的事情。

讀書特別吃力的孩子，就是特定時間到時，才端坐書桌前，用力讀書的孩子。就像平常完全沒有運動的人，突然叫他爬山，他一定很快就全身酸痛。這些偶爾才讀書的孩子，在書桌前面根本坐不住。只要沒有好好養成讀書習慣，那麼要他們靜下來讀一小時書都會困難重重。

到底要如何才能讓孩子讀起書來很輕鬆呢？要怎麼樣才能養成學習的習慣呢？最好的方法，就是每天都定下計畫並且一一實踐。如果能按照計畫每天讀書，不知不覺間，讀書一定會成為習慣。但是不要期待短期間就能養成這樣的讀書習慣。至少也要花個一年半載的時間，才能看到成果。如果很清楚自己的讀書目的，又有縝密的讀書計畫來支持，那剩下的就只是讓孩子執行以及父母有耐心確認結果兩件事而已。為了讓孩子能持續執行計畫，父母必須要有恆心地進行管理。父母的小小關心，就能讓孩子日後的學習可以易如反掌。

製作每日計畫並加以實踐

為了訂定每日計畫，首先必須先決定每天學習的優先順序，不只要訂出學習的時間，也要先設定學習的份量。每日計畫的訂定要針對個別孩子的特性而做，以份量當作標準會比用時間更好。最重要的是，不要忘了每天都要確認孩子實踐的進度。當孩子沒有按照計畫做到的時候，千萬不要發怒處罰孩子，而是要心平氣和地先試著找出原因，跟著孩子一起找到雙方更能接受的方法。

事實上，要孩子做全年度計畫，然後一直細訂到每日計畫，這樣是可以做出看來很棒的

四年級上學期的每日計畫範例

星期／課程	週一	週二	週三	週四	週五	週六
讀書	看童話書，寫讀書紀錄		看歷史書，寫讀書紀錄		看科學書，寫讀書紀錄	休息
英語	聽故事書/跟讀 1/4	聽故事書/跟讀 1/4	聽故事書/跟讀 1/4	聽故事書/跟讀 1/4	聽故事書/跟讀 1/4	
數學	一單元的 1/3	參考書的 1/2	一單元的 1/3	參考書的 1/2	一單元的 1/3	
自然社會	了解韓國傳統民俗遊戲	讀動物相關書籍並剪貼	了解文化財	調查並整理地層與化石的資料	尋找慶州古蹟區域的資料	
作業日記						
簽名確認						

計畫表。但就現實面來說，是絕少有人可以完美地完成全套計畫的。雖然孩子的意志力也很重要，但是大部分孩子做不到的原因，都是因為父母沒有貫徹確認與管理的工作。請務必記得，孩子貫徹計畫的意志力，也是在父母的良好管理之下產生的。對於孩子執行計畫的確認工作，父母也要不間斷地執行。

上表是針對沒有上補習班，自己在家念書的孩子所製作的。製作每日計畫以一星期為單位，然後讓孩子照著計畫實踐。每個項目的實踐結果，孩子一定要自己確認，整體的確認則由父母來做。所謂確認的意思，並不是指在父母監視下控制孩子的學習狀態。孩子希望父母對自己所做所為都能認同。所以如果孩子很努力地做到，父母就要經由確認的動作給予讚美、肯定。如果能夠持續重複實踐與肯定的步驟，孩子就會有耐心地將計畫徹底實踐。

請父母實行總確認的另一層意義，就是找出妨礙孩子學習的因素。有可能這個計畫目標過高難以實行，經由確認就可以早點發現並找出解決方法。如果孩子常抱怨太辛苦，或者總是做不到計畫上的要求，那麼就有修正計畫的必要。因此，可以在假日時，找個時間跟孩子一起檢視計畫的實行結果，這樣就可以將下週的計畫訂得更具體。

實踐每日計畫的四項原則

●首先訂定學習的優先順序

建議可以讓孩子將要閱讀的書籍依序堆在書桌左邊，每完成一項就把讀過的書放到右邊，一面確定目標一面讀書。這時不要讓孩子隨便更換順序，也不要用流覽的方式讀書。

●不要規定時間，而要規定份量

如果不規定讀書的份量，只定下時間，就像是漫無目的地在海上航行。注意力比較散漫的孩子，一定只會想辦法混到時間結束。因此，不要從一開始就給予太多的學習份量，讓孩子感到疲憊不堪，而是要給予適合孩子的份量，但務必要讓孩子讀完。這樣不但可以累積知識，也能培養孩子的責任感。

●務必進行確認

如果孩子對計畫只有三天熱度，主要原因是父母沒有確實確認。如果無法直接跟孩子面對面確認，至少也要用電話跟孩子確認。因為一旦讓孩子認為自己是獨自努力用功讀書，卻沒有人有心去了解他，那他很快就會感到厭倦了。所以，父母的「確認」工作絕對不要給孩子監控的感覺，而要讓孩子知道有人很在乎，陪伴他，這樣孩子才會有持續下去的動力。

●依照實踐結果給予獎賞

為了讓實踐能持續下去，給予適當的獎賞是有必要的。例如，當孩子自己主動去執行計畫，爸媽就給他貼紙，收集到一定數量的貼紙時就可以換禮物，就是很好的辦法。

3 安排適合學習的環境

電視會妨礙孩子專心

當孩子在學校已經下定決心要回家好好用功讀書，但是，回家一進到門就看到客廳裡電視的熱鬧畫面與熱鬧的音效。再進到房間一看，發現早自己一步回家的弟弟已經在電腦上玩起線上遊戲，而且還把聲音開到最大。在這樣的情況下，原本想用功讀書的決心，一定會立刻就消失殆盡，根本沒辦法專心坐下來好好讀書。

晚飯過後，孩子原本想要坐下來好好寫功課，家裡的小貓卻跑來跟他玩，就這樣時間又在跟小貓玩樂之間度過了。晚上九點，加班回家的爸爸打開電視看新聞與連續劇。好不容易才動手寫了幾個字，孩子就被連續劇吸引而去看。就這樣，時間來到半夜，功課沒寫完、書也沒讀，又到了睡覺時間，到底該如何是好呢？

常有人在準備考試的時候，特地跑到山上或其他專供學生的K書中心，才有專心讀書的氣氛。人的專心程度常會受周邊環境與氣氛的影響。如果家有孩子讀書不專心，在責怪孩子之前，父母要先檢視看看自己家中是否有可以專心讀書環境的。如果找出破壞專心環境的因素，必須要先排除。但是，我想大家應該都知道，破壞讀書氣氛最大的罪魁禍首，其實就是電視，現在還有網路。

父母總會認為，只要孩子在書桌前坐得夠久，就一定可以讀進夠多的書，但這常常只是錯覺。試想，當父母或是家人在客廳看電視的時候，孩子在書房也在用耳朵聽電視。這時，孩子的眼睛雖然盯著書本看，但其實心裡想的早已經是電視裡的內容了，所以這時硬要孩子坐在書桌前面，根本就是浪費時間。如果每天反覆出現這樣的狀況，結果會如何？雖然表面上看來花很多時間讀書，卻因為無法專心而沒有任何效果。

當然就像各種學習資源一樣，透過電視和網路可以獲得許多間接的體驗，也更能了解未知的領域，可以說是一種很有教育性的工具。但這只限於父母有為孩子過濾節目的情況，一旦缺乏控管，看電視不但沒有教育意義，常常還會帶來反效果。誇張一點說，就是電視不只會影響孩子的讀書效果，還會破壞孩子的人生。

剝奪孩子思考力的影音媒體

在韓國有一陣子非常流行「幼兒錄影帶」。有了這種錄影帶，媽媽家事忙碌的時候，就可以放給孩子看。許多媽媽都會買這類錄影帶給孩子看。這樣一來，媽媽有了很多自己的時間，甚至還可以到鄰居家串門子。孩子呢？因為長期看電視，將使得孩子的專注力與思考力下降，大腦發育受到阻礙，導致幼兒很晚才開始學會講話，智能發展也變得有點遲緩。

美國小兒科學會（AAP）曾經警告：「孩子每天不可以看超過兩個小時的影片，特別是兩歲以下的嬰幼兒，最好讓他們遠離電視。」根據美國小兒科學會最近發表的研究報告指出，太常看電視影片的兒童，集中力會下降，變得做事不容易專心，而且思考力與創意都會變弱。特別是兩歲以下的嬰幼兒，看電視將會阻礙大腦發育，導致智能發展遲緩，甚至有可能會降低與人互動的社會性。

首爾大學醫學院精神科柳仁均教授警告說：「看電視與上癮症有相當大的關係，小時候如果看電視上癮，長大之後因為毒品、菸、酒成癮的機率將大幅升高。」（韓國《東亞日報》2004年4月11日刊）

影音媒體的各種不良影響當中，最嚴重的是剝奪孩子的思考力。看影片時是被動接收的，不必動腦，而且，看電視時的心理狀態是平緩的。對於因為工作身心皆疲憊的上班族來說，看電視影片可以讓過度使用的頭腦得到放鬆與休息。

但是，對於必須以多思考來開發頭腦的孩子，看影片可說是「讓頭腦停止活動的時間」，換句話說就是變呆的時間。思考力是孩子學習成敗的關鍵性要素。人類歷史上所有重要學說跟原理的發現，都來自於思考的力量。而影片是剝奪思考力的主要罪犯。希望大家一定要認清影音媒體的危險性。

現代視覺毒品

影音媒體可說是一種視覺毒品。它有一種魔力，一旦開始看，就會讓你想繼續看到天荒地老，有人還甚至不能沒有它，是很容易令人上癮的東西。美國《科學人》雜誌曾經以專題報導過一個實驗，實驗內容為電視成癮對心理的影響。

研究人員分析，參加實驗的人只要一打開電視，原本緊張的心情就會放鬆而漸漸變得舒坦。但是只要一關掉電視，他們馬上就會陷入緊張狀態，沒辦法專心做事。而且他們會因為看電視而沒完成其他的事感到後悔，所以看電視的時候，他們也並不真的高興。然而這些人每次還是花很多超出預期的時間看電視，這跟鎮靜劑發揮作用的原理類似。當服用鎮靜劑一段時間之後，藥效會減弱，此時不安與痛苦湧來，只好繼續服用鎮靜劑，而且用量將會越大。只要一關掉電視，之前的輕鬆舒適感馬上消失，這時就會產生不安，所以他們甚至不敢關電視。以往心理學家幫電視取了一個綽號，叫做「傻瓜箱」，但現在他們認為事情沒那麼簡單，電視甚至會影響人的生存本能，所以將綽號改為更恐怖的「吸血箱」。此外，電視與現在肥胖人口大增也很有關係，對於情緒與行為的發展也有不好的影響，我想這些都是眾所周知的事實，我們不在此贅述。

如何少看電視和影片

如果探索孩子常看電視和影片的原因，可以得知通常都不是孩子本身的問題，而是家庭習慣所致。其中問題最大的情況就是父母兩人都有工作，必須比孩子晚到家，所以孩子必須獨自回家。當他回到家中，面對空蕩無人的家，空虛與害怕立刻湧上心頭，為了逃避這種感覺，孩子自然地就會打開電視。就像前面所說的，這些孩子不只暴露在電視的不良影響之下，甚至還受到電視和影片的控制。

還有一個嚴重的問題，就是家裡的大人老是開著電視。讓原本安靜的家充滿了電視的聲音，瞬間打壞學習的氛圍。電視會將孩子的注意力吸引過去。大人們這麼做當然也有合理的藉口，例如至少也該看一下新聞，了解社會大事等等。但這樣說的人，在新聞結束之後，通常不會馬上就把電視關掉。如果發現新聞之後是很有趣的節目時，你會怎麼做呢？

所以要解決電視的問題，關鍵還是在父母身上。然而有許多父母都不把電視當作嚴重的問題。他們反而會抗議說，電視是現代文明最重要的利器之一，人沒有電視要怎麼活？

少看電視的好處，一定要親自體驗過才會知道。只要少看電視，跟家人相處的時間就會增多，孩子也會開始愛上閱讀，這些都是不去試試看絕對不會知道的事。

「如果老是覺得時間不夠用的人能夠把電視關掉，就會知道自己之前浪費多少時間在看電視。關掉電視的時間，不但可以用在與孩子相處上，也可以閱讀更多的書，家中的氣氛會變得很不同，和樂融融的談笑聲將會再現。也會拉進親子之間的關係」（淑明女子大學兒童福利系徐英淑教授。取自《東亞日報》二〇〇四年5月7日）

美國東華盛頓大學的芭芭拉・布洛克博士，以在美國的三百八十五個不看電視的人為對象進行調查，發現了一個有趣的結果。首先，他們的孩子最敬愛的對象依序為父母、老師、運動教練、哈利波特、耶穌、馬丁・路德・金恩牧師等等。其次，在他們少看電視省下的時間中，最常做的事就是讀書。此外，則是跟玩伴玩遊戲、運動等等。第三，在這些父母中，有83%的人認為，不看電視對孩子讀書確實有幫助。而這些孩子當中有51%的人，所有的科目成績都拿A。（取自《東亞日報》二〇〇四年5月7日）

如果作為父母的您，還不能感受到電視的壞處，也沒有體認到關上電視所得的收穫有多麼大，請您務必為了孩子試著一個月不開電視看看。或者，您也可以試試以下方法：

▲將電視和播放器移開

可以消除電視影響的最確實方法，就是家裡不要放電視，如果現實中做不到，至少請將電視從客廳移到臥房。如果有電視在客廳中央，孩子一定會因而分心。剛開始是孩子主動去看電視，一旦變成習慣，到後來孩子等於是被電視逼著非看不可，如果事情演變成這樣，我猜為人父母者應該也笑不出來了。

把電視從客廳移除後，我們可以透過一些擺設讓家中的氣氛改變成為讓人可以隨興閱讀的環境。所謂擺設只要簡單就好，只要放個書櫃，再擺張小桌子就可以了。牆上也不需要掛名畫，最好是將孩子的繪畫作品裱框掛起來。這樣的環境會讓孩子回到家中，自然而然地就拿起書來看的。

▲生活不要以電視和影片為主

大人要以身作則，讓孩子見識到沒有電視的有趣生活。如果一開始，孩子還是很想看電視而與父母有拉鋸戰產生，這時，父母一定要以身作則。並且請孩子想想不看電視，還可以做些什麼事。也可以試試看陪著孩子閱讀、一起做家事、或是一起去運動。如此一來，如果孩子忙得沒有看電視的時間，自然就會跟電視疏遠了。

▲嚴格規定收看時間與節目

父母可以幫孩子訂定規則，只能看固定的電視節目或影片。孩子們必須嚴格遵守訂下的規則，大人在實際執行的時候，也絕對不能心軟。讓看電視本身變成一種很特別的活動，或者只在全家一起吃點心的時候才看也很不錯。看電視的時間一旦結束，父母一定要堅決地關掉電視。

電視問題很複雜，只能由家中所有人一起深入討論解決方法才行。這個問題關乎孩子的未來，所以我們強烈建議，以上的三種方法至少要實行一種。只要做了，你一定會看到孩子的變化。

電玩戰爭

妨礙孩子專心，並且讓孩子花掉許多無謂時間的另一個大敵，就是電玩遊戲。孩子一旦玩電玩上了癮，會減少與父母的互動。

阻止孩子玩電玩遊戲的最佳方法，就是家裡不要有電腦。不過，家中一旦沒有電腦，孩子反而會整天不回家，窩在同學家一起玩電動。父母常在盛怒之下，罰孩子一個月不准去同學家，結果孩子只好跑去網咖。

讓孩子留連網咖，父母會更擔心，所以只好准許孩子在家玩，這時，父母只好搬出另一個方法，就是要求孩子嚴格的遵守約定的時間限制。而且父母也會設定密碼，只有經過同意，孩子才能把電腦打開。然而，孩子總是聰明的，他們總是能弄到密碼（其實可能只有爸媽不知道，對孩子而言這是件很簡單的事情），只要爸媽一不在家，他就開始偷偷地玩。

孩子們因為電腦遊戲受到的損害，比我們想像的還嚴重很多。玩電玩上癮的孩子，腦中永遠充滿著遊戲的畫面，還會不時用手指敲桌面，即使身邊沒有電腦，心理上也是整天都在玩電玩。對電玩遊戲著迷的孩子，還會去買攻略本與雜誌，其廣博與專精的程度，絕不下於專家學者。

有一次，我在上課時發現一個學生在發呆，我問他：「我剛才說什麼？」這個孩子露出尷尬的臉色說：「老師，我很想專心，可是電玩遊戲的畫面總是在我腦袋裡消除不去。」當時我以為這個孩子的症狀可能是比較嚴重的，但跟許多媽媽談過之後，我發現現在的孩子大多有類似的情形，只差在程度深淺不同罷了。

要戰勝電玩遊戲的最好方法就是，打從一開始就不要讓孩子體驗到玩電玩遊戲的滋味。如果孩子年紀還小，不要讓他們知道電玩更好。但是，難道這樣他們就會永遠不知道嗎？當然，總有一天他們一定會知道，而且他們遲早會喜歡上這些遊戲的。但是我主張盡可能讓他們越晚知道越好。更重要的是，在他們知道這些東西之前，就要讓他們體驗其他更有趣的事。

讓孩子們知道，看書有時候比打電動更有趣。也讓孩子有各種體驗：在旅行中發現新事物的喜悅、好不容易解出一個數學難題的成就感等。讓他們試著拿畫具到野外去畫幅水彩畫、跟社區內孩子們踢一場汗水淋漓的足球。讓他們跟家人一起去聽一場音樂會，跟同學打場痛快的桌球，或者大家一起包水餃來吃，都可以創造一些難以忘懷的回憶。只要父母多花些心思，孩子就會知道世界上除了電玩遊戲，還有許多有趣的東西。這樣孩子就不會完全被電玩遊戲綁架而能當自己的主人。

當父母第一次買遊戲光碟給孩子的時候，大概心裡都不覺得有什麼問題。「這幾年哪裡找得到不玩電玩遊戲的小孩？」「這是現代孩子們的文化，應該要體驗看看。」這些父母可能都沒想過，有一天自己會因為孩子玩電玩遊戲成癮而傷透腦筋。

孩子一旦開始打電動，父母就會沒辦法控制孩子的遊玩時間。一旦跟朋友開始比賽分數、等級、武器，那所需要花費的時間就更驚人了。一旦事態發展到此，遊戲就不只是遊戲，而是時間的剝奪者與靈魂的侵入者。

現在這個社會，電玩遊戲已經是一種重要的文化了，同儕之間也會相互感染、互相比較，絕對不是強制禁止可以解決的。父母該做的是，讓孩子知道有比玩電玩遊戲更有趣的活動，帶著他們體驗不同的活動是最好的解決方法。而且玩電玩遊戲時，建議父母一起陪孩子玩，而不要放任孩子自己玩。這樣就算是父母跟孩子面對電玩遊戲時所創造的雙贏之路。

4 品行好的孩子更會讀書

剪枝的必要性

懂得照顧樹木的人，會依照時間，將不必要的枝葉剪除，過程中毫不留情。如果能夠適當地剪枝，之後樹木就會長得更漂亮，年輪也會更均勻，成為優良的木材，並擁有更高的價值。

我們的孩子也是一樣，有時他們會長出自我中心、自私自利、貪心等不必要的枝枒。就像樹不會自己去掉不需要的樹枝一樣，面對孩子，必須有人擔負起這種痛苦的角色來矯正孩子。不用說，這個責任要由父母來承擔。這種工作要及早開始，才不會造成日後的遺憾。

孩子小的時候，不管做什麼看起來都很可愛。就算孩子說出粗魯或惡毒的話、拔了爺爺的鬍子或打了外公的臉頰，大家都會認為孩子年紀小而笑臉以待。大人們總會說小孩太小還不懂，等長大之後再管教也不遲。但是，重點不是在於年紀，如果不趁早管教孩子，錯過了時機就更難以導正了。如果希望孩子成為一棵挺立的大樹，應該糾正孩子的時候就要不遲疑地去做。

被寵大的孩子跟受到嚴格教育的孩子，在學校中會顯出極大的差異。被寵大的孩子沒有同理心，容易變得自私，而被同學們排擠。

所以在孩子犯錯的時候，一定要嚴厲地糾正。最的方法是在孩子犯錯時，能透過談話的方式，讓他們獲得正確的價值觀。在以愛為名義下，拿起棍棒之前，請各位父母一定要三思。

父母一定要多反省，是不是為了解除自己的壓力、為了出氣才打孩子；還是自己情緒無法控制，孩子犯了一點點錯就處罰得太過份；或者是平常根本就不在意孩子的讀書狀況，卻因偶然得知成績不如鄰居的孩子，而因為自己的面子不保才打孩子一頓。

如果是以上的原因，那麼打孩子非但達不到目的，還會在孩子跟自己心中留下傷害。孩子會感覺出父母是因為自己的情緒才打人，因而不但不知反省，還會開始反抗權威。有些父母還會在事後覺得自己做得太過分，而花錢買東西給孩子當作補償，這樣一來，將會讓孩子感到矛盾而無所適從。

與其叫孩子好好讀書，不如好好做人

依據韓國教育課程評價院的調查，認為將教養重點擺在孩子的品行方面的父母，也會教養出成績好的孩子。調查並明確指出，親子交談時間越多，孩子的成績也會越好。不論孩子的年級，父母常與孩子討論學校的學習情況與未來升學話題等，孩子的成績要比乏於與父母互動的孩子，各科的平均成績要高出非常多。

此外，該研究也調查了父母認為孩子最應具備的人格特質，對各科成績的影響，他們得出一個結論是認為「具備良好的品行」的，比起「會讀書」「交好的朋友」對孩子的成績有更正面的影響。換句話說，父母期待孩子品德好對成績的正面影響，比期待孩子把書讀好還要更大。

雖然成績也很重要，但更重要的是培養孩子成為善良的人。叫孩子好好讀書，還不如叫他們好好做人，反而會使孩子的成績更好。如果品行優良，對自己與事物都會有正確的價值觀，但是如果品行不端，看待事物就會用扭曲的價值觀判斷。就像要有好視力才能看清東西一樣，人也要有善良的心才能分辨對錯。

孩子的教育是一種轉換能量

地球到太陽的距離大約是一億五千萬公里，用走的速度大概要四千年才能走到太陽那裡，搭乘時速三百公里的高鐵列車，則需要大約六十年。太陽發生核融合反應，所產生的能量，以光與熱的形式輻射到地球。到達地球的光透過光合作用轉化為物質，此物質為動物或人類所攝取，成為生物活動身體的能量。如此，將光轉化為物質，又將物質轉化為熱能的過程，就叫做能量轉換法則。

冬天時原本凋零的樹，到了春天又會長出茂盛的新芽，這便是光轉換為物質的現象。試著想想，樹上的茂盛新芽從何而來，雖然泥土中的水分與養分加上空氣中的二氧化碳都扮演了重要的角色，但是基本的能量來源就是太陽。

孩子們需要的是比太陽核融合更具有力量、更有熱情的教育，以及父母對子女的愛。只要父母這個太陽還在燃燒，就一定可以將能量傳達給孩子，轉換成熱情、耐心、專心等等精神性的能量，最後產生甜美的果實。能量轉換法則用在子女的教育上是再適合也不過的了。

有些父母想用其他的東西來代替這種能量。他們希望補習班與家庭教師能替代父母扮演這個角色，但這是不可能的。補習班與家庭教師或許可以帶來一時電燈般的效果，但卻沒辦法給予孩子太陽般的生命力。

有田不耕倉廩虛，
有書不教子孫愚。
倉廩虛兮歲月乏，
子孫愚兮禮義疏。
若惟不耕與不教，
是乃父兄之過歟！

這是唐朝詩人白樂天的〈勸學文〉。這篇文章旨在告訴父母，孩子要不要用功讀書，決定於父母。就像父母必須工作養家一樣，也一定要教孩子透過學習找到自己的生存之道。父母要想辦法讓孩子清楚讀書的目的，還要培養孩子用功讀書的習慣，更要幫孩子準備適合讀書的環境，就如同辛勤耕耘才有豐富收穫一樣。現在就是我們努力耕耘孩子心田，讓它成為肥沃良田的時機，也是播種的最佳時機。

Note

國家圖書館出版品預行編目資料

小學4年級定終生 / 金康一, 金明玉著；王中寧譯.
-- 修訂一版. -- 新北市：世茂, 2019.02
面；　公分. --（婦幼館；169）

ISBN 978-957-8799-66-0（平裝）

1. 學習方法

521.16　　107022543

婦幼館 169

小學4年級定終生【全新修訂版】

作　　者／金康一・金明玉
譯　　者／王中寧
主　　編／陳文君
責任編輯／陳中偉
封面設計／辰皓國際出版製作有限公司
出 版 者／世茂出版有限公司
地　　址／（231）新北市新店區民生路19號5樓
電　　話／（02）2218-3277
傳　　真／（02）2218-3239（訂書專線）（02）2218-7539
劃撥帳號／19911841
戶　　名／世茂出版有限公司　單次郵購總金額未滿500元（含），請加80元掛號費
世茂網站／www.coolbooks.com.tw
排版製版／辰皓國際出版製作有限公司
印　　刷／世和彩色印刷股份有限公司
修訂一版／2019年 2 月
　　三版／2023年10月

ISBN／978-957-8799-66-0
定　　價／280元

ISBN 978-957-776-858-2

평생 성적, 초등 4 학년에 결정된다
The future success is determined at Grade 4
By Kim, Kang-il, Kim, Myung-ok

Printed in Taiwan

黏貼處

世茂好書．豐富心靈

世潮精典．智慧同行

電話：(02) 22183277
傳真：(02) 22187539

廣告回函
北區郵政管理局登記證
北台字第 9 7 0 2 號
免貼郵票

231新北市新店區民生路19號5樓

世茂
世潮 出版有限公司 收
智富

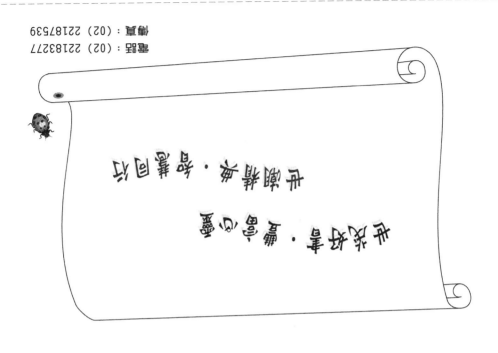

黏貼處

請沿虛線剪下裝訂寄回，謝謝！

讀者回函卡

感謝您購買本書，為了提供您更好的服務，歡迎填妥以下資料並寄回，我們將定期寄給您最新書訊、優惠通知及活動消息。當然您也可以E-mail：service@coolbooks.com.tw，提供我們寶貴的建議。

您的資料（請以正楷填寫清楚）

購買書名：________________

姓名：__________ 生日：______年____月____日

性別：□男 □女 E-mail：__________

住址：□□□______縣市______鄉鎮市區______路街
______段______巷______弄______號______樓

聯絡電話：__________

職業：□傳播 □資訊 □商 □工 □軍公教 □學生 □其他：______

學歷：□碩士以上 □大學 □專科 □高中 □國中以下

購買地點：□書店 □網路書店 □便利商店 □量販店 □其他：______

購買此書原因：___ ___ ___ ___ ___ ___（請按優先順序填寫）
1封面設計 2價格 3內容 4親友介紹 5廣告宣傳 6其他：______

本書評價：
___ 封面設計 1非常滿意 2滿意 3普通 4應改進
___ 內　　容 1非常滿意 2滿意 3普通 4應改進
___ 編　　輯 1非常滿意 2滿意 3普通 4應改進
___ 校　　對 1非常滿意 2滿意 3普通 4應改進
___ 定　　價 1非常滿意 2滿意 3普通 4應改進

給我們的建議：--